KB211891

깡통 을 차고 빌어먹어도

지옥 만은 가지 마라!

● 김상호 지음 ●

책나무

우연일까?

'산신'을 섬기다 예수를 만나고 1년 안에 여섯 자녀가 세상을 떠났다. 가족 중 무당만 다섯 이었던 김상호 장로, 욥만큼이나 파란만장한 그의 인생 이야기

을 차고 빌어먹어도

● 김상호 지음 ●

만은 가지 마라!

책나무

목차

머리말
1장 예수를 믿기 전

- 구병리 마을   14
- 60세에 낳은 아들   15
- 장가가던 날   16
- 도끼로 내리친 검지   18

2장 예수를 믿은 후

- 나를 찾아오신 하나님   22
- 발가락 여섯 개가 잘려나간 꿈   25
- 예수를 믿고 1년 만에 여섯 자녀를 잃다   26
- 동네 사람들의 비웃음   31

3장 어둠의 세계

- 기절한 후 열린 세계   34
- 지옥문 앞에서 마귀가   36
- 지옥 가는 넓은 길과 천국 가는 좁은길   46

● 다시 마귀의 심판을 받게 된 김상호   50

● 흰줄에 매달린 수십 명의 사람들   56

● 유황불 속에서 만난 아버지   58

● 음란죄를 지은 자들이 가 있는 곳   62

● 영원토록 먹고 마시는 담배와 술   65

● 칼과 작두가 난무하는 그 곳   73

● 불기둥에 묶여 있는 자들   76

● 끓고 있는 가마솥 속의 부자들   80

● 식사시간에 몰려든 지옥의 부자들   84

● 불기둥에 목이 매달린 사람들   86

4장 빛의 세계

● 흰 옷 입고 태산준령을 넘어가다   98

● 예루살렘성에 도착한 김상호   104

● 하늘 나라에서 다시 만난 여섯 자녀   109

● 생명수 강가에서 과일을 대접받다   112

● 예수님 앞에선 김상호   115

● 기둥만 박혀 있는 하늘 나라 나의 집   118

● 구멍 뚫린 양말 열 켤레와 쌀가마니 열 장   121

● 왕 중의 왕 다윗왕을 만나다   124

● 바울사도의 집을 방문한 김상호   128

● 아름다운 옷을 입은 이사야 선지자   132

● 꽃밭에서 하나님을 찬양하는 소리가 나다.   135

● 십계명을 받은 모세를 만나다.   138

● 황금집을 소유한 어느 장로님 댁을 방문하다   141

● 황금그물을 어깨에 멘 베드로를 만나다.   149

● 천사장 미가엘과의 대면   154

● 어느 보석집을 방문하다   156

● 헌금에 관한 이야기   158

● 주님께 선물로 받은 황금 성경책   160

● 주님이 영광을 받으시는 시간   162

5장 나의 사역들

● 나의 집안 배경   166

● 동네와 집안사람들의 핍박   168

● 공동묘지에서 받은 성령세례   170

● 내가 성경을 읽게 된 배경   173

● 30년 된 정신병 환자를 고치다   175

● 어떤 정신병 환자를 위하여 3일 금식과 철야   177

● 나체가 된 정신병 환자를 고치다   180

● 육신은 잠이 들었어도 영혼은 깨어 기도함   182

● 살모사에 물려 죽어갈 때 나의 신앙고백   183

● 순교의 현장, 1분 기도 후에 죽여라   191

● 예수를 부인한 자들을 다시 찾아가다   197

● 원수에게 그리스도의 사랑을 실천하다   198

● 논을 팔아 성전을 건축하다   199

● 나의 집 사랑방이 교역자 숙소가 되다   205

● 내가 비오는 날 하는 일   207

● 첫 열매는 무엇이든지 하나님께   208

● 항아리 속에서 찾은 아들   210

● 나의 철저한 주일성수   213

● 하나님의 성물 훔친 죄로 소 한 마리를 드리다   215

● 나의 추수 감사절   217

● 교통사고 보상금으로 교회 봉고차 구입   219

● 교회 재정이 부족할 때마다 판 소들   222

● 양로원과 고아원 방문   224

● 쌀 두 말과 장례식   226

● 매일 기도 10시간   228

● 공동묘지의 기도동지 나의 아들   232

- 벌고 벗고 운동장에 서 있는 나   234
- 생명 걸은 금식기도로 무당장모를 전도함   236
- 예수사랑으로 30년 된 누님무당을 전도함   241
- 내가 3년간 모신 사랑방 할머니   246
- 소백산 스님을 전도하여 구원시킴   247
- 보은 장날, 이렇게 전도함   253

6장 못다 한 이야기들

- 나에 대한 평가   256
- 성경의 욥과 나의 가정 비교   259
- 깡통을 차고 빌어먹어도 지옥만은 가지마라   263

마치는 글 268

지난 2009년 11월 7일, 구병마을 구병장로 교회에서 새성전 입당 예배가 있었다. 도시 어느 교회 부럽지 않을 정도로 아름답게 지어진 교회···, 얼마나 감격스러운 일인가! 교회 하나 없는 이 마을에서 이 날을 보기까지 나는 근 7년을 고생했다. 공동묘지에 나가 피땀 흘려 기도했던 그 시절을 떠올리니 지금도 눈물이 앞을 가린다. 하나님께서 장수의 축복을 내려주신 덕에 이 아름다운 성전을 짓고 입당 예배까지 드릴 수 있게 된 것도 기쁜데, 이 교회에서 남은 생을 보내고 눈을 감으리라 생각하니 하나님의 은혜가 한없이 감사할 뿐이다.

내가 스스로 하나님을 찾은 것이 아니다. 하나님이 나를 불러주신 것이다. 무속 집안에서 태어난 나는 '산신'을 섬기던 아버지 밑에서 자랐다. 집안으로 봤을 때, 예수를 접할 수 있는 환경이 절대 아니었던 것이다. 그러나 예수께서 이렇게 나를 사랑하심에 우상 숭배 가정에서 태어나 지옥에 갈 뻔했던 나를 구해주신 것이다. 예수의 부름, 그 은혜는 백 번 죽었다 깨어나도 갚을 길이 없다.

나는 지금 내 인생의 발자취를 정리할 시점에서, 그간의 나의 삶을 책으로 쓰고자 한다. 하나님의 부름을 받기 전 내가 살아온 과정을 책으로 내어 예수님을 전도할 수 있는 기회를 또 한번 주시니 그 분께 감사하고 또 감사할 따름이다.

대한민국은 원래 무속의 뿌리를 타고난 나라이기에 이 책을 읽는 많은 이들이 내 얘기에 공감하여 결국 하나님 앞에 돌아오리라 생각한다. 이 책을 읽는 이들 모두에게 하나님의 축복이 임하시길 빌며 훗날 주님의 나라에서 다시 보게 되길 소원한다.

2010년 2월 2일

김상호 장로

1장 예수를 믿기 전

•구병리 마을

　구병리는 19세기 중엽부터 '정감록鄭鑑錄'을 신봉하는 자들이 모여 형성된 마을이다 이곳은 한국의 '환란의 피난처' 열 곳 중의 하나이다(정감록의 십승지十勝地 중 한 곳). 구병산 자락의 구병리 마을은 해방 이후와 625 전쟁 때 많은 사람들이 피난을 와서 한 때는 큰 마을을 이루기도 했다.

　해발 500m의 산중턱에 자리 잡아 물 맑고 공기 좋은 이곳은 100세 이상 장수하는 이들이 많아 '장수마을'로도 유명하다. 또한 산천이 수려해 '충북의 알프스'라고도 불리는데, 충북 보은군 구병산(876m)에서 시작해 장고개를 거쳐 백두대간을 들어서서 삼학봉(861m)까지 이어지는 43.9km 구간의 능선이 유럽의 알프스와 비교해도 손색이 없다는 평가이다. 여기서 구병산은 속리산과 마주보고 있어 속리산을 '아비산', 구병산을 '어미산'이라 부르기도 한다.

-2009년 7월 3일자 충북일보 기사 中-

• 60세에 낳은 아들

　나의 아버지는 선생님으로, 서당에서 한문과 예법, 제사법 등을 가르치셨다. 아버지는 다른 아이들을 가르칠 때는 빈틈이 없었으며 엄하기로도 유명했다. 그러나 그런 아버지도 정작 자식인 내게는 글을 가르쳐주지 않았다. 나는 부모님이 '지성'을 들인 끝에 환갑이 되어서야 얻은 '4대 독자'였다. 어렵게 얻은 귀한 아들, 얼마나 소중했겠는가? 그럼에도 아버지가 글을 배우지 못하게 한 것은 다름 아닌 아버지의 믿음 때문이었다. 그때는 '일제 강점기'였고 이러한 '난세'에 아들이 글을 배우면 '제명에 살지 못한다'는 아버지 '자신만의 확신' 혹은 '종교적 확신' 때문이었으리라.

　내 비록 세상지식과 학문은 없지만 예수 그리스도 한 분만을 아는 지식에는 소홀함이 없음을 고백할 수 있다.

　또한 모든 것을 해로 여김은 내 주 그리스도 예수를 아는 지식이 가장 고상함을 인함이라 내가 그를 위하여 모든 것을 잃어버리고 배설물로 여김은 그리스도를 얻고 (빌 3:8).

　그 안에서 지혜와 지식의 모든 보화가 감추어 있느니라(골 2:3).

• 장가가던 날

　나는 구병리 산 속 마을에서 태어나 그곳에서 결혼을 했다. 상대
는 산 위에 사는 유옥선이라는 아가씨였다. 이북 출신으로 키는 작
지만 유머감각이 있고 성격이 쾌활했다. 그녀는 내가 스물한 살 때
열아홉의 나이로 시집을 왔다. 동네 사람 모두가 우리의 결혼을 축
하해주었고, 그날은 동네 잔치로 떠들썩했다.

　내가 결혼할 당시 마을에는 약 70호 정도가 살고 있었던 것 같
다. 그 당시는 한 가정에 식구가 보통 5~6명 정도 되고, 그보다 많
은 집도 있었다. 우리 마을은 산간지방이라 논농사 짓기가 어려워
산에 가서 땅을 고르고 나무를 태워 불을 놓은 뒤 감자나 옥수수를
심었다. 거기서 난 감자를 삶고, 옥수수로 죽을 끓여 끼니를 때웠
다. 그때는 나만 그랬던 게 아니라, 동네 사람 모두가 그렇게 살았다.

　반찬은 소금이 다였다. 쌀은 구경하려야 할 수 없었던 시절이었
다. 일제 강점기, 일본이 준 고통은 이 산골 마을까지도 예외일 수

없었다.

내가 태어나서 결혼하고 나서도 이 마을에 예수를 믿는 이는 한 명도 없었다. 그렇다고 아내 쪽으로 교회에 나가는 이가 있었던 것도 아니다. 마을 사람들은 하나 같이 '산제당'에 절을 하는 사람들이었다. 그런 속에서도 하나님은 나를 향해 '구원의 손길'을 준비하고 계셨던 것이다.

다른 이로서는 구원을 얻을 수 없나니 천하 인간에 구원을 얻을 만한 다른 이름을 우리에게 주신 일이 없음이니라 하였더라 (행 4:12).
곧 창세전에 그리스도 안에서 우리를 택하사 우리로 사랑 안에서 그 앞에 거룩하고 흠이 없게 하시려고 그 기쁘신 뜻대로 우리를 예정하사. 예수 그리스도로 말미암아 자기의 아들들이 되게 하셨으니(엡1:4–5).

• 도끼로 내리친 검지

　예수를 믿기 전 나는 술을 무척 좋아했다. 술 한 말을 지고 가라면 못 가도, 마시고 가라면 갈 수 있었다. 이렇게 술과 나는 떼려야 뗄 수 없는 사이라 볼 수 있다. 술을 좋아하다 보니 싸움판에는 꼭 내가 끼어있었다.

　술 다음으로 내가 좋아하는 것이 또 하나 있는데, 그것이 바로 노름이었다. 집에 있던 소 돼지를 내다파는 것은 예사고, 나중에는 1주일간 노름하다 돈이 떨어져 소죽 끓이는 가마솥까지 팔았다. 그렇게 있는 것 없는 것 다 팔고, 마누라도 팔 수 있음 팔 지경이었다. 이렇게 나는 '도박의 영靈'에 혼이 빼앗겨 앞을 볼 줄 몰랐다. 나는 '다시는 하지 않겠노라'하는 결심으로 오른손 검지를 내리치기까지 했다. 그러나 그것도 며칠 못 가 무너지고 또 노름판을 찾았다.(이 부분은 중요한 부분이라 뒤에서 다시 다뤄볼 것이다.)
　이 노름은 내 인생에 있어서 그나마 낙이고 기쁨이었다. 노름에 집중하다보면 인생 모든 시름을 잊을 수 있었다. 그러나 도박은

'돈' 없이는 불가능했기에 나는 돈을 구하려고 발버둥을 쳤던 것이다. 앞서 얘기했지만, 나는 '노름을 끊어야 한다'는 생각이 강하게 들면서 모종의 결단을 내리게 됐다. 나는 내 자신에게 물었다.

"상호야!"
"왜?"
"이제 내가 결단을 내려야 돼."
"무슨 결단?"
"내 오른손 검지를 도끼로 찍어버리려고…, 그래야 노름을 못 하지."
"정말 그렇게 할 수 있을까?"
"그럼 나는 할 수 있어, 이 노름 때문에 가정이 풍비박산이 날 것 같아 이제라도 결단을 내려야 할 것 같아."

이렇게 자신과 진지한 대화를 마친 나는 뒤도 돌아보지 않고 묵직하고 날카로운 도끼를 집어 들었다. 그리고 내 오른손 검지를 내리찍었다.

검지가 힘없이 땅바닥에 떨어져 뒹굴었고, 붉은 피가 분수처럼 하늘로 솟구쳤다. 이제 나는 손가락 하나 없는 아쉬움은 있지만, 아내에게 남자다운 모습과 강한 결단력을 보여줄 수 있음에 내심 흐뭇하기까지 했다.

그 후로 나는 노름을 잊고 농사짓는 데만 열중했다. 그러나 어느 날 깜짝 놀랄 소문을 접하게 됐다. '김상호'라는 사내가 손에 붕대를 맨 채 노름판에 다시 끼었다는 것이다. 거기에 대해서는 나 역시 무어라 할 말이 없었다.

너희가 전에는 어두움이더니 이제는 주 안에서 빛이라 빛의 자녀들처럼 행하라 (엡5:8).

예수를 믿고 깨달아 알게 된 사실인데, 인간이 어떤 일에 대해 아무리 굳은 결심을 해도 하나님의 도우심이 없다면 이룰 수 없다. 이 모두가 오직 하나님의 은혜로 가능한 것이었다.

내게 능력을 주시는 자 안에서 내가 모든 것을 할 수 있느니라(빌 4:13).

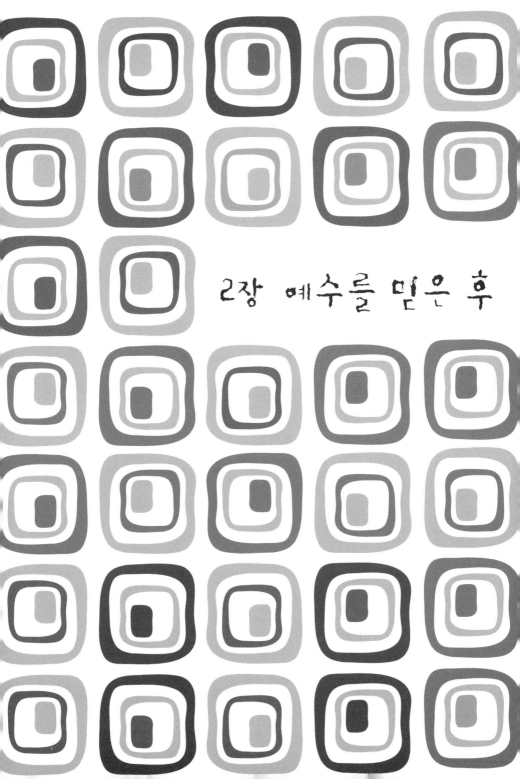

2장 예수를 믿은 후

• 나를 찾아오신 하나님

　노름으로 허송세월하고 술에 취해 방구석에 구겨진 신문조각처럼 잠들어 있는데 복음의 소식이 들려왔다. 아랫마을에 조그만 시골 교회가 있는데 그곳에서 전도를 나온 것이다. 우리 마을은 원래부터 '정감록'을 신봉하는 사람들이 사는 곳이라 전도하러 오는 이도 없거니와, 제일 가까운 교회라 해도 한참을 가야 나오기에 이렇게 전도하러 오기란 쉬운 일이 아니었다. 그것도 술에 취해 잠든 내게 '예수' 믿으라는 말이 들려오기 만무했다.

"여기 주인 안 계셔요?"
　전도하는 사람들이 우리 집을 찾아왔다.
"무슨 일이요?"
　술이 채 깨지도 않은 나는 귀찮은 듯 대답했다.
"예, 우리는 아랫마을 교회에서 전도 나온 사람들입니다."
"그런데요?"
　나는 예수쟁이들에게 퉁명스럽게 쏴붙였다.

"예수 믿고 천국 가세요."

그들은 내 말을 못 들었다는 듯 천국타령을 했다. 기가 막혔다.

'세상이 끝나면 그만이지, 천국은 무슨 천국이야! 없는 천국 만들어놓고 헌금 뜯어 먹으려고 목사들이 저런 놈들을 푼 거야.'

나는 대뜸 전도자들을 향해 소리쳤다.

"천국은 없어요, 괜한 고생들 하지 마시고 돌아가시오!"

그래도 그들은 아쉬운 듯, 돌아서면서도 끝내 한 마디를 한다.

"예수 믿고 천국 가세요."

그런데 어찌된 일인지, 그들이 돌아가고도 한참을 그 한 마디가 귀에 맴도는 것이다.

"예수 믿고 천국 가세요, 예수 믿고 천국 가세요, 예수 믿고 천국 가세요……"

계속 들려오는 한 마디, 그 한 마디는 밤이고 낮이고 계속 반복됐다. 이를 아는 사람들한테 말했더니 나더러 예수 귀신이 붙었단다. 무당한테 가도 소용없으니 그때 전도하러 왔던 교회에 가서 기도를 받고 고쳐야 한단다. 나는 그 즉시 2시간이나 걸려 아랫마을 교회를 찾았다. 교인들은 나를 반갑게 맞아주면서도 무슨 일인지 매우 궁금해하는 기색이었다.

"예수 믿고 천국 가세요'라는 말이 계속 들려서 못살겠습니다. 이 소리가 안 들리려면 어떻게 해야 합니까?"

전도사라는 분이 미소를 지으며 말했다.

"기도를 받고 예수를 믿으시면 그 소리는 안 들릴 겁니다."

"정말입니까?"

"물론이죠."

"알겠습니다. 저를 위해 기도해 주시고 소리만 안 들리게 해주십시오."

전도사는 나를 위해 정성껏 기도를 했다. 그의 뜨거운 정성이 진지하게 느껴졌다.

그렇게 3일간 들리던 소리가 멈췄다. 그리고 나는 하나님을 믿게 됐다.

지금도 나는 그 깊은 산중까지 복음을 들고 와 전도해준 그분들께 감사의 뜻을 전하고 싶다. 그 전도자들이 없었다면, 내가 과연 술과 노름을 끊고 예수를 믿을 수 있었을까?

좋은 소식을 가져오며 평화를 공포하며 복된 소식을 가져오며 구원을 공포하며 시온을 향하여 이르기를 네 하나님이 통치하신다 하는 자의 산을 넘는 발이 어찌 그리 아름다운고(사 52:7).

오직 성령이 너희에게 임하시면 너희가 권능을 받고 예루살렘과 온 유대와 사마리아 땅 끝까지 이르러 내 증인이 되리라 하시니라(행 1:8).

• 발가락 여섯 개가 잘려나간 꿈

교회에 등록하고 돌아와 잠을 자는데, 꿈속에 아버지가 나타났다. 아버지의 얼굴은 진노로 가득했다.

"아버님, 웬일이십니까?"

"이 괘씸한 놈, 산신도 버리고 애비도 배신하고 예수를 믿어?"

어디서 났는지 아버지 손에는 날카로운 가위가 들려 있었다. 나는 도망갈 틈도 없이 아버지가 들고 계시던 가위에 발가락 여섯 개가 잘리고 말았다.

식은땀을 흘리며 잠에서 깼다. 비록 꿈이었지만 내게 심상치 않은 일이 생길 거란 느낌을 지울 수 없었다.

발가락은 자손을 상징한다 했거늘, 행여 우리 아이들에게 무슨 일이 생기는 것은 아니겠지?

자녀이면 또한 후사 곧 하나님의 후사요, 그리스도와 함께 한 후사니 우리가 그와 함께 영광을 받기 위하여 고난도 함께 받아야 될 것이니라(롬8:17).

● 예수를 믿고 1년 만에 여섯 자녀를 잃다

내가 살고 있는 구병리에서 교회가 있는 아랫마을까지는 걸어서 적어도 2시간이 걸렸다. 주일 아침 7시에 집을 나서면 9시경에야 도착하는 것이다. 그렇게 교회에 나간지 한 달쯤 되었을까? 올해 열세 살인 딸 '양옥'이가 갑자기 다리가 아프다고 했다. 침 잘 놓는 다는 사람을 찾아가 침을 맞아도 소용이 없었다. 그렇게 며칠을 근 심으로 보내던 차에 양옥이가 이상한 말을 했다.

"양옥아, 너 좀 어떠냐?"

"엄마, 나 이제 죽을 거예요."

"뭐라구?"

"하나님이 나를 부르세요. 엄마, 아랫마을 교회 전도사님을 불러 주세요. 저를 위해 예배를 드려주면 좋겠어요."

그때 나는 이것이 더 이상 인간의 힘으로 어찌할 수 없는 일임을 직감했다. 그리고 10리 밖에 있는 교회까지 한달음에 달려갔다.

"전도사님!, 큰일났습니다."

평소와 다른 다급한 목소리에 전도사님이 놀란 듯했다.

"무슨 일이십니까?"

"제 딸 양옥이가 숨이 넘어가고 있습니다. 전도사님이 예배를 드려주면 좋겠답니다."

"무슨 예배를 드려달란 말입니까?"

"… 임종예배입니다."

전도사님은 일이 심상치 않음을 직감했는지 성경을 집어 들고 나를 따라 구병리로 뛰었다.

구병리로 뛰고 있는데 갑자기 얼마 전 꿈이 생각났다.

'아버지가 내 발가락 여섯 개를 자르시더니, 설마 이것이 시작인가? 정말 산신령이 노했단 말인가?'

머릿속이 별의별 생각으로 혼란스러웠고, 어느새 발은 집 앞을 들어서고 있었다.

예배가 시작되자 전도사님은 환상이 보인다고 했다. 새 하얀 옷을 입은 천사들이 딸아이에게 자신들과 같은 옷을 입혀 하늘로 데리고 올라간다는 것이다. 잠든 딸아이의 모습이 어찌나 평화로운지 천사의 얼굴이 바로 이렇지 싶었다. 그렇게 눈에 넣어도 아프지 않을 딸을 천국으로 보냈다. 옛날 충청도 지역에서는 애들이 죽으면 매장하는 대신 돌무덤을 만들었다. 딸의 시신을 지게에 싣고 돌무덤을 만들러 가는 길. 끝없이 흘러내리는 눈물을 어찌할줄 몰랐다. 손수 돌무덤을 만들고 그 앞에 무릎을 꿇고 눈물로 기도를 드렸다.

"하나님, 우리 딸의 영혼을 불쌍히 여겨주옵소서! 내 아직 신앙이 깊지 못하여 하나님의 깊은 뜻을 헤아릴 수 없사옵니다. 그러나 여기에도 하나님의 뜻과 섭리가 분명 있으리라 봅니다. 내 딸의 영혼을 받으시고 천국에서 다시 만나게 하옵소서."

이렇게 해서 첫 딸의 장례를 치렀는데, 한 달 후 둘째 딸에게도 같은 일이 벌어졌다. 정신을 차릴 수가 없었다. 그때는 내 눈에도 천사가 보였다. 천사들이 딸에게 흰 옷을 입혀주었고, 먼저 하늘나라로 간 언니가 동생의 이름을 부르고 있었다.

"여기 정말 좋아, 아픔도 슬픔도 없는 나라야."
"정말?"
"그렇다니까, 빨리 와! 너무 좋은 나라야."

그리고 두 딸은 순식간에 하늘 나라로 올라가버렸다. 이렇게 둘째 딸도 3일을 앓다 죽고 말았다. 딸을 산에다 묻고는 딸의 영혼을 하나님께 부탁했다.

교회 나간지 3개월이 되었을 때다. 셋째 딸이 열이 심했다. 아이는 아무것도 먹지 못하고 3일을 앓더니 하늘 나라로 가고 말았다.

그리고 한 달 뒤 교회 나간지 4개월이 되었을 때, 넷째 딸도 3일을 앓다 가버리는 것이다. 그 후 다섯째 딸도 똑같이 잃고 말았다.

딸 다섯을 보내고 두 아들만 남아있을 때다. 현재 첫째 아들은 살아서 목회를 잘하고 있지만 그 당시 둘째 아들은 원인 모를 병에 걸려서 정신이 혼미해졌다. 나는 산에 올라가 하나님께 죽을힘을 다해 기도를 드렸다.

"하나님, 내 아들 좀 살려주세요. 저 어린 자식이 무슨 잘못이 있습니까? 제가 4대 독자 아닙니까? 딸 다섯이 죽었는데 아들마저 데려가시면 저는 어떻게 합니까? 간절히 바라옵건데, 차라리 아들을 살려주시고 내 영혼을 걷어가소서!"

나는 그날 밤을 마지막이라고 생각하고, 혼신의 힘을 다해 기도하고 또 기도한 뒤 집으로 돌아왔다. 그런데 집 마루에 무언가가 흰 보자기가 씌어져 있었다.

"여보, 이게 뭐요?"

"어젯밤에 갑자기 가버렸어요……."

"뭐라구?"

"그렇게 기도를 올렸건만……."

하늘이 노래지고 도저히 정신을 차릴 수 없었다. 딸들을 하늘로 보내기 시작하면서부터 이미 내 정신은 정상이 아니었던 것 같다.

'정녕 이럴 수 있단 말인가? 예수 믿으면 복 받는다고 예수쟁이들이 그러지 않았던가? 딸 다섯에 아들까지 보냈는데, 이게 복 받은 것이란 말인가? 정말 하나님이 존재하긴 하는 건가? 아, 어쩌면 좋아……, 내 살점보다 귀한 여섯 자식들을 데려가시니 나는 어떻게 살란 말인가?'

나는 배신감과 분노에 흰 보자기를 걷어 제치고 죽은 아들을 향해 울부짖었다. 그리고는 곡괭이를 들어 '부모보다 먼저 간 불효자'라고 외치며 아들을 내리찍었다.

훗날 내 아내는 그때의 내 모습을 떠올리며 '꼭 미친 사람 같았다'고 얘기했다.

나는 다시 정신을 차리고 곡괭이로 조각낸 내 분신 같은 아들의 시신을 주섬주섬 모아 지게에 얹었다. 지게를 진 어깨가 한없이 무거웠다. 산에 무덤을 만들고 통곡하던 나는 결국 기절을 하고 말았다.

여호와께서 사단에게 이르시되 내가 그의 소유물을 다 네 손에 붙이노라. 오직 그의 몸에는 네 손을 대지 말지니라. 사단이 곧 여호와 앞에서 물러가니라.(욥 1:12).

가로되 내가 모태에서 적신이 나왔은 즉 또한 적신이 그리로 돌아가올지라 주신 자도 여호와시요, 취하신 자도 여호와시니 여호와의 이름이 찬송을 받으실지니이다 하고 (욥1:21).

• 동네 사람들의 비웃음

말하기 좋아하는 동네 사람들은 이구동성으로 떠들어댔다.

"자네소식 들었나?"

"무슨 소식?"

"아 글쎄, 김상호네 말이야. 거 뭐라고 하더라? 야소교인지 예수교인지를 믿다가 쫄딱 망한 거."

"아니, 망하다니? 어찌 망했단 말인가?"

"우리 동네 산신을 배신하고 서양 종교 믿다가 애들 여섯이 죽었지 뭔가."

"그래?"

"산신령이 노하신 게지."

"우리도 잘못하다 김상호네 꼴 나는 거 아녀?"

"그러게, 지극 정성으로 섬겨야지, 어디 무서워서 살겠나?"

"조상 대대로 모셔온 산신을 배신하더니만 꼴 좋네, 아예 그 집안은 씨가 말라버렸네."

"그러게 말야."

"쯧쯧, 안됐어."

서양귀신이 옴붙을까봐 무서웠던 동네 사람들은 나와 마주칠 때마다 돌아가거나 거리를 두고 걸었다. 예수를 믿었으면 집안이 잘 풀려야 동네 사람들한테도 떳떳할 텐데, 오히려 예수 때문에 핍박받는 입장이 됐다.

처음으로 이 동네에서 예수를 믿는 집이 나왔는데, 상황은 세상 사람들이 기대하는 '복'과는 거리가 멀었다. 그야말로 우리 집 사람들은 죄인 아닌 죄인 신세였다.

사람들이 종일 나더러 하는 말이 네 하나님이 어디 있느뇨 하니, 내 눈물이 주야로 내 음식이 되었도다(시 42:3).

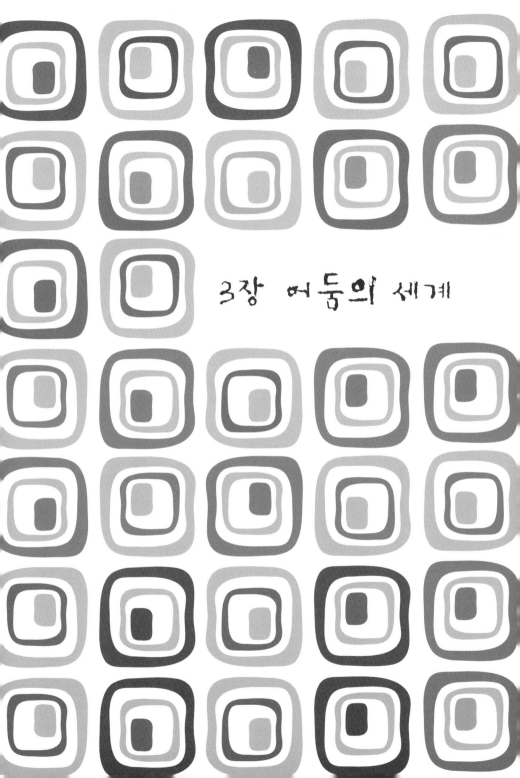

3장 어둠의 세계

• 기절한 후 열린 세계

나는 예수를 믿고 1년 만에 여섯 자녀가 죽는 고통을 체험했고, 구약성경의 욥은 열 자녀가 죽었다(욥1:13-19). 어찌 내가 당하는 이 환난을 욥에 비할 수 있겠냐만은 보통 일반 기독교인들이 겪는 환난에 비하면 결코 작지 않으리라 생각한다.

하나님께서 딸 다섯을 데려가시고 이제 아들마저 부르셨을 때 이미 나는 제 정신이 아니었다. 이미 넋이 나가 있었고 살아 숨쉬고 있되 살아있는 것이 아니었다. 언젠가 나는 사랑하는 자녀가 교통사고를 당해 병원 앞에서 거의 실성하다시피 한 어떤 엄마를 본 적이 있었다. 그 모습을 지켜보는 사람들의 슬픔도 이루 말할 수 없었다. 나는 이런 상황을 여섯 번 겪은 것이다.

1년 동안 여섯 자녀가 죽는 나의 고통은 어떠했겠는가? 교회에서도 무어라 내게 설명해 줄 수도 없었거니와 가족, 친지들 그리고 동네 사람들은 대놓고 "미친놈"이라 했고, 예수를 믿으면 저렇게 망한다는 '샘플'이 되고 만 것이다.

나 역시 예수를 믿은지 얼마 안 되는 초신자 때라 사방에서 불어오는 '환난의 폭풍'을 어떻게 감당해야 할지 몰랐다. 이제 '인간의 힘'으로는 버텨낼 수 없는 한계에 이르렀던 것이다.

아들의 무덤 앞에서 통곡하다 기절한 내게 또 다른 세계가 열렸던 것이다.

• 지옥문 앞에서 마귀가

　나는 평소에 이승과 저승 사이는 먼 줄만 알았고, 결코 나와는 상관없는 세계라 여기고 살았다. 전도자들이 "예수 믿고 천국가세요"라고 말할 때, 그것을 심각하게 받아들여 사후세계에 대해 두려움을 가지고 전도자들의 말을 경청하는 사람들은 얼마나 될까? 대부분 롯의 사위가 그랬던 것처럼 농담으로 받아들이고(창19:14), "너나 믿어라"하는 사람들이 대부분이라 본다.

　나 또한 교회의 전도사님이 설교 중에 '천국과 지옥'에 대하여 말씀을 전하셔도 그렇게 피부에 와 닿지 않았던 것이 사실이고, 그것은 내가 처음 신앙 생활하던 50년 전이나 지금이나 별반 달라지지 않았을 것이다. 그러나 분명한 것은 사후세계는 물론이고 천국과 지옥이 실재한다는 사실이다.

　　한번 죽는 것은 사람에게 정하신 것이요 그 후에는 심판이 있으리니(히9:27).

나는 이 세계를 언급하며 많은 두려움과 조심스러움이 앞선다. 나는 신학을 연구하는 신학자도, 줄곧 말씀을 가르쳐온 목사님도 아니기 때문이다. 또한 바울사도와 같은 전무후무한 분도 고린도 후서 12장 1절, 2절, 4절에서 "무익하나마 내가 부득불 자랑하노니 주의 환상과 계시를 말하리라. 내가 그리스도 안에 있는 한사람을 아노니 십 사년 전에 그가 셋째 하늘에 이끌려간 자라(그가 몸 안에 있었는지 몸 밖에 있었는지 나는 모르거니와 하나님은 아시느니라). 그가 낙원에 이끌려 가서 말할 수 없는 말을 들었으니 사람이 가히 이르지 못할 말이로다."라고 말씀하셨듯이 감히 내 개인적 체험을 만인에게 '발설'하는 것에 대해 송구한 마음도 든다.

　하지만 내가 목표하는 한 가지는 내 개인적 '영적 체험'을 통해서 한 사람이라도 '그리스도께 돌아와 구원을 받을 수만 있다면……'에 초점을 둔 것이다. 내 나이 이제 90을 향하여 달려가고 있고 이 생의 삶도 그렇게 길지 않으리라 본다. 혹시 거슬리는 '영적용어'가 있다할지라도 너그럽게 용서해 주시기를 바란다.

　아들의 무덤 앞에서 기절한 후 다른 세계가 열렸다. 눈앞에 낡은 초가집 한채가 나타나고, 내가 어느새 그 마루에 앉아있는 게 아닌가? 그런데 내 마음과 육체에 알 수 없는 변화가 느껴지기 시작했다. 머리끝부터 발끝까지 떨려오기 시작하는데, 걷잡을 수 없는 상태에까지 이르렀다. '왜 이렇게 두렵고 떨리는 것일까? 그리고 이 초가집은 도대체 무엇인가! 내가 처음 보는 집인데, 혹시 죽어서 이곳에 온 것은 아닐까?……'라고 생각하고 있는데, 낡은 초가집 대문이 '비꺼덕, 비꺼덕'거리며 열렸다. 그런데 이게 웬 말인가? 영화에서나 보던 마귀가 셋씩이나 나타난 것이다.

그 마귀들의 모습을 묘사하자면 이랬다. 얼굴은 사람의 모습을 했으나 몸은 숯검댕이처럼 새카맣고 지저분한 머리카락은 땅에까지 끌리고 있었다. 제일 먼저 나타난 놈이 가장 크고 힘이 세보였고 두 번째, 세 번째 마귀들은 그 뒤를 잇는 것 같았다. 한 마귀 옆에 책상이 놓여 있었는데, 그가 대뜸 내 이름을 부르는 것이었다. 이상한 것은 분명 이름을 가르쳐준 적이 없는데 그놈들이 이미 알고 있었다는 것이다. '아니 어떻게 알았을까? 저 마귀가 보이는 것을 보면 분명 내가 죽었다는 말이고 지옥에 왔다는 것인데, 예수를 믿으면 천국 간다고 해서 딸 다섯과 아들 하나를 잃고도 신앙을 변절치 않았건만, 하나님은 내게 그것도 모자라 지옥에 보내셨다는 말인가? 그럼 예수를 믿으면 천국 간다는 사실은 거짓말인가? 그럼 내 아이들도 이곳에 있단 말인가?' 이런저런 생각으로 혼란에 빠져있을 때 마귀의 고함치는 소리가 귀청을 찢을 듯 들렸다.

"김상호! 이놈 내말 안 들려? 빨리 이 앞으로 나와!"
나는 마귀의 위엄 앞에 사시나무 떨 듯 부들부들 떨며 그 앞으로 기어갔다.
"이놈아, 내가 부르면 빨리 빨리 와야지! 그렇게 한가하게 딴 생각하고 있으면 어떡해? 우리는 너희처럼 한가한 마귀가 아니야, 하루 일당 채우려면 얼마나 바쁘게 일해야 되는 줄 알아, 일을 빨리 빨리 처리하지 못하면 우리대장 앞에 징계 받고 또 매맞는단 말이야, 알았어?"

"네, 죄송합니다."

마귀가 앉아있는 의자 앞에 더러운 책상이 하나 놓여있는데, 세상의 고물상에도 없을 만치 닦지 않아 새카맣다. 그런데 그 위에는 '누런 공책'이 한 권 놓여 있었다. 마귀는 '공책' 위의 먼지를 더러운 손으로 툴툴 털며 이렇게 말했다

"김상호!"

"네."

"오늘 네가 죽은 날이야."

"뭐라고요?, 내가 죽다니요."

나는 마귀가 하는 말이 이해가 안 돼 그냥 멍하니 쳐다볼 수밖에 없었다.

"내가 그렇게 부드럽게 말해도 알아듣지 못하네. 네가 죽었단 말이다."

"제가 언제 죽었습니까? 지금 이렇게 살아있는데요."

"이놈아! 아까 네 아들 무덤가에서 통곡하다 숨이 끊어져 여기 오

지 않았느냐?"

"그럼, 제가 그때 죽은 것입니까?"

"그렇다니까?"

"아닙니다. 내 비록 예수 믿은지 얼마 되지 않아 잘 모르겠습니다만, 예수 믿으면 세상과 죄악가운데에서 구원해 주신다고 들었습니다. 예수님 때문에 제 여섯 남매를 잃었어도 신앙만은 변절치 않았는데, 제게 지옥이란 있을 수 없습니다."

"이놈 봐라. 우리 마귀 나라에서는 실수란 없어, 고집부리지 말고 네가 영원히 지옥의 고통을 당해야 한다는 것만 기억해!"

"아닙니다. 나는 천국에 가야 할 사람이고, 거기서 제 아이들을 만나야 합니다."

"좋아! 김상호 다시 한번 확인해 보자."

"좋습니다."

"네 고향이 충청북도가 맞나?"

"네."

"아~아, 그럴 것이 아니라 이승에서의 네 고향주소를 대봐."

"네, 알겠습니다. 고향집 주소는 충청북도 보은군 속리산면 구병리 521번지입니다."

내가 주소를 또박또박 거침없이 이야기하자, 의자에 앉아있던 마귀는 냄새가 풍기는 더럽고 두꺼운 공책을 뒤지기 시작했다. 앞장을 넘기기 시작하여 맨 뒷장까지 끝냈고, 또 뒤에서 넘기기 시작하여 앞장까지 무려 열 번이나 뒤적인 끝에 얼굴이 굳어지더니, 앞에 있는 험상궂은 대장마귀에게 무슨 '사인'을 보내는 것이었다. 그래서 좀 떨어져 있던 대장마귀가 책상 옆으로 어슬렁 어슬렁 걸어오는데…, 그 중 성질이 급하고 포악한 두 번째 마귀가 100m 달리기 선수처럼 달려와 상황판단을 할 것도 없이 도깨비 방망이로 나를 내리쳤다.

그 무서운 쇠방망이가 하늘 높이 솟으며, 두려움에 떨고 있는 나를 향해 날아올 때 나는 반사적으로 젖 먹던 힘을 다해 "주여!" 이 한마디를 부르짖었다. 이 소리는 내가 이승에서 기도할 때, 또 위급한 상황을 맞았을 때 하는 제일 짧은 형태의 기도였다. 이 "주여" 소리는 천지를 울렸고, 흉악한 마귀들도 뒤로 자빠졌다. 하늘에 계신 주님이 내 목소리를 들으셨으리라.

여호와여 내 기도를 들으시고 나의 부르짖음을 주께 상달케 하소서(시102:1).

태산이 떠나갈 것 같은 "주여" 이 한마디가 들림과 동시에 내 앞에 '큰 산' 하나가 나타났고, 어떤 '위엄'있는 분이 큰 소리로 "김상호를 데리고 가지 말고, 그 윗집에 사는 여자를 데리고 가라!"고 말했다. 그러자 마귀 세 마리가 우리 집 윗집으로 달려가는 것이었다.
마귀들끼리 하는 소리가 들렸다.
"대장 마귀!"

"왜!"

"아까 제가 김상호 주소를 열 번이나 확인했지 않았습니까?"

"그렇지, 그런데 실수 한번 안 한 네 놈이 이번엔 어떻게 실수를 한 게냐? 너 죽은 놈 주소 확인하고 데려오는 일을 천년도 넘게 하지 않았냐, 다시는 이런 실수가 있어서는 안 돼"

"아닙니다."

"뭐라고?"

"제 실수가 아닙니다."

"무슨 변명이 그러냐, 자꾸 우길래?"

"제 말씀 좀 들어 보시라니까요."

"그래, 말해 봐라."

이러자 마귀 나라의 호적을 담당하는 마귀가 이렇게 말하는 것이었다.

"대장님, 김상호의 주소와 그 윗집의 주소가 같습니다. 그래서 이런 일이 생긴 것이니 저를 너그럽게 용서해 주십시오."

"음, 알았다."

"얘들아, 빨리 가자!"

마귀들이 갑자기 분주해졌다.

"아까 우리가 실수해서 사람을 잘못 데리고 왔다."

"네."

"지금, 시간을 많이 허비해서 나중에 상부에서 검열이 나오면 우리 모두 감봉에다 징계감이야."

"네, 알겠습니다."

"하늘에서 들려온 음성대로 김상호네 윗집 여자네 집으로 즉시 달려가야 한다."

이 말이 떨어지기가 무섭게 마귀 세 마리는 번개처럼 윗집으로 날아갔다. 그 모습을 보고 있는 것만으로 온몸이 전기에 감전된 듯 찌르르하며 떨려왔다.

그 집에는 여자 하나가 오랫동안 병으로 앓다 수명이 다해가고 있었다. 그 여자는 생전 보지도 듣지도 못한 지옥 나라 사자를 보고는 온몸을 바르르 떨더니, 두 손을 모아 싹싹 비는 것이다. 그렇다고 마귀들이 용서해줄 것 같지는 않았다. 아까 내 경우와 같은 실수가 있을까봐 주소를 다시금 확인한 마귀들은 그녀의 인상착의를 점검하고, 지옥으로 데려갈 사람임이 확인되자 곧바로 행동에 옮겼다.

한참을 보고 있는데 또 마귀들의 대화가 들려왔다

"네 이년!"

"네."

"너 때문에 우리가 징계받을지도 몰라"

"한번만 용서해 주십시오!"

"우리는 그런 거 몰라, 우린 대장 명령대로 움직일 뿐이야"

첫 번째 제일 강한 마귀가 쇠꼬챙이가 달린 마귀 나라 신발로 병 들어 파리한 여자의 목을 짓눌러버리자 그녀는 숨 넘어갈 듯 '드르

럭, 드르럭'한다. 비록 남의 일이지만 그 모습을 보고 있다는 것은 보통 고통이 아니었다.

가로되 주예수를 믿어라 그리하면 너와 네 집이 구원을 얻으리라 하고(행16:31).

천사장 미가엘이 모세의 시체에 대하여 마귀와 다투어 변론할때에 감히 훼방하는 판결을 쓰지 못하고 다만 말하되 주께서 너를 꾸짖기를 원하노라 하였거늘(유1:9).

두 번째 마귀가 그 여자의 배를 밟고 또 공중에 점프하여 깔아 뭉 겨버리자 그 여자는 죽는다고 비명소리를 냈다. 그러나 누구 하나 도와줄 사람이 없었다. 그런 고통이 계속되다가 그녀 안에서 '새카 만 사람'이 하나 '톡'하고 밖으로 빠져나왔다. '그녀의 영혼'이라는 생각이 들었다.

마귀들은 몹시도 바쁜지 서둘러 쇠사슬로 그 여자의 손을 묶더니 질질 끌고 가는 것이다. 그녀는 그들에게 안 끌려가려고 애썼지만 때는 이미 늦은 것이다. 사람이 죽은 후에는 심판이 있다는 말씀을 그때처럼 느껴보기는 처음이다(히9:27).

그 여자는 결국 마귀 세 마리에게 끌려오더니 끝도 없는 낭떠러 지 밑, 영원히 타오르는 불길을 보게 됐다. 그때 그녀의 애절한 소 리가 들려왔다.

"나는 왜 이 세상에 살 때 예수를 영접하지 못했나, 우리 동네까지 와서 예수를 믿으라고 전도했는데 왜 나는 그 소리를 듣지 못했나. 나는 어떻게 저 영원한 유황불 속에서 살 수 있단 말인가?"

그러나 이제와 후회해도 소용없었다. 그 중 제일 힘이 센 마귀가 벼랑 위에서 그녀를 향해 발길질을 했다. 그녀가 비명을 지르는데 나는 차마 그 소리를 들을 수 없어 귀를 막아버렸다.

마땅히 두려워할 자를 내가 너희에게 보이리니 곧 죽은 후에 또한 지옥에 던져 넣는 권세 있는 그를 두려워하라 내가 참으로 너희에게 이르노니 그를 두려워하라(눅 12:5).

• 지옥 가는 넓은 길과 천국 가는 좁은길

내가 아는 동네 여자가 지옥불에 떨어진 것을 보고 한참을 두려움에 떨고 있던 그 때, 세상에서는 상상조차 할 수 없는 아름다운 천사가 하얀 옷을 입고 나타났다. 천사의 부드러운 목소리는 긴장과 피곤에 시달린 내게 여름날의 시원한 생수처럼 느껴졌다. 천사는 이렇게 말했다.

"나는 예수님이 보낸 천사인데, 너의 아픔과 눈물과 기도를 보고 예수님께서 나를 네게 보내셨다."

나는 고마움에 감격해 어찌할 바를 몰랐다.

"너무 감사합니다. 주님께서 저를 불쌍히 여기셔서 천사를 보내셨군요."

"이제 너는 나를 따라 오거라, 그러면 음부와 낙원을 체험하게 될 것이다. 나 또한 이 임무를 주님께 받았다."

"알겠습니다."

나는 그 천사를 따라 넓은 길로 한참 가고 있는데 몇천 명도 더 되는 사람들이 무리지어 가는 것이 보였다.

좁은 문으로 들어가라 멸망으로 인도하는 문은 크고 그 길이 넓어 그리로 들어가는 자가 많고(마7:13).

천사가 말했다.

"이 길은 넓고 편하지만 지옥으로 가는 길이란다. 많은 사람들이 좁은길을 버리고 대부분 이 길을 택하지."

천사와 함께 길을 가다보니 '화살표'가 나타났다. 이정표인 것 같았다. 옆으로 큰 기와집이 보였는데 천사가 내게 이집으로 들어가자고 했다. 기와집 문을 열자 큰 창문이 나왔다.

천사가 말했다.

"저 창문너머 산을 쳐다보아라"

나는 "예"라고 대답하고 천사가 가리키는 창밖을 보고 있었다. 천사는 내게 무엇이 보이느냐고 물었다. 나는 "높고 험한 산이 보이며 고부랑거리는 좁은길 사이에 흰 옷을 입은 사람들이 찬양하며 가는 모습이 보입니다."라고 대답했다.

"그래 맞다. 저들은 예수복음을 위하여 자신들을 희생한 자들로, 다른 세상 사람들처럼 자기 자신의 행복과 안일을 위하여 산자들이 아니며, 예수님을 위하는 길이라면 자신의 목숨까지도 내놓은 자들이었지. 지금 저들이 걷는 산골짝 외길의 가파른 고개이지만 고갯마루에 올라서면 예수님께서 그들을 맞아주실 것이다. 너도 그런 성도 중 한 사람이 된 것을 진심으로 축하한다."

"아닙니다. 이 모든 것 주님의 은혜입니다. 주님이 나를 부르시지 않았으면 제 어찌 좁은길을 가는 성도가 되었겠습니까?"

"그래, 네 말이 맞다. 그리고 네 귀에는 저들의 찬양 소리가 들리느냐?"

"예 들립니다. 찬송가 502장입니다"

"그럼 너도 한번 불러 보거라,"

"예."

나는 천사의 말에 순종하며 고개를 넘어가는 성도들의 찬양을 따라 부르기 시작했다.

태산을 넘어 험곡에 가도 빛 가운데로 걸어가면 주께서 항상 지키시기로 약속한 말씀 변치 않네. 하늘의 영광, 하늘의 영광 나의 맘속에 차고도 넘쳐 할렐루야를 힘차게 불러 영원히 주를 찬양하리((통)찬송가 502장).

나는 너무나 감격했다. 지금까지 나는 세상 사람들의 말처럼 예수를 믿고 집안이 쫄딱 망한 사람인 줄만 알았다. 비록 예수를 믿었지만 집안의 환난으로 인하여 숨 한번 제대로 쉬지 못하고 살았는데……. 이렇게 예수님으로 말미암아 영원한 삶을 얻을 수 있으니 이 얼마나 감사한 일인가?

나는 찬송가를 부르며 험산준령을 넘는 성도들을 바라보면서 이런 결심을 했다.

'하나님! 나를 구원해 주신 하나님! 내 생명 다하도록 좁은 산길을 걸으며 찬양하는 성도들처럼 살게 해주십시오, 내 마음 변치 않

게 하시고 신앙의 넓은 길 가지 않게 하시고, 끝끝내 좁은길 가다가 주님 나라에 가게 하소서'

50년 전의 이 고백처럼 살기 위하여, 오늘도 나는 주님 앞에서 몸부림치고 있다.

내 주를 가까이 하게 함은 십자가 짐 같은 고생이나 내 일생 소원은 늘 찬송하면서 주께 더 나가기 원합니다((통)찬송가 364장).

이제 천사와 함께 그 집을 나왔는데 천사는 온데간데없이 사라지고 나는 밀려드는 인파에 어디론가 떠밀려가고 있었다.

•다시 마귀의 심판을 받게 된 김상호

두려움이 밀려왔다. '나와 함께 한다던 그 천사는 어디로 갔나. 지금 이 사람들과 함께 떠밀려 가면 어디서 찾을 수 있다는 말인가?' 이런 생각들이 잠시 스치면서 앞을 쳐다보는데 한 마디로 '아수라장'이다. 아우성소리 비명소리, 그리고 활활 타오르는 불꽃들, 숨이 막히게 하는 유독성 가스들…….

그런데 아까 만났던 비슷한 마귀들이 이번에는 한 책상에 세 마리씩 붙어서 지옥에 갈 사람들을 심사하는 것이 아닌가! 이 마귀들의 옷의 특징은 모두 다 새카만 가죽팬티를 입고 있었는데 얼마나 오랫동안 입었는지 반질반질 윤이 나는 것이었다. 나는 숨어서 사람들의 심판의 광경들을 볼 수 있었다. 사람들을 책상 앞에 불러놓고 이승에서 살던 집 주소와 했던 일들을 점검한 후 열 명씩 줄을 지어 세웠다. 마귀들은 옛날 장수들이 쓰던 창 같은 것으로 힘을 다해 배를 찔렀고, 그들의 배는 힘없이 뚫려 붉은 피가 사람들의 얼굴과 책상, 바닥으로 튀었다.

창끝에 매달린 사람들은 그 고통이 얼마나 심했는지 온몸을 비틀며 손을 흔들며 살려달라고 애원했다. 창을 든 마귀의 힘이 어찌나 센지 삼손보다 더 센 것 같았다. 창을 들고 한 바퀴 원을 돌리자 창에 꽂혀있던 사람들이 놀이공원 놀이기구 돌 듯 돌아가는 것 아닌가?

이승에서는 사람들이 놀이기구를 타며 즐겼지만, 이곳에서는 마귀가 사람들을 놀이기구로 가지고 논다는 사실을 알았다. 이 모습을 나 혼자만 숨어서 보는 것이 아니었다. 포승줄에 묶여 대기 중이던 사람들은 이미 사색이 되어서 부들부들 떨며 도망갈 기회만 노리고 있는 듯 했다. 그러나 그것 또한 쉽지 않을 것이다. 왜냐하면 도망칠 곳은 어디에도 없었기 때문이다.

마귀 세 놈은 재미난 듯 배가 뚫려 고통당하는 사람들을 향하여 이렇게 외치는 것이었다.

"세상에 있을 때 네 놈들은 지옥을 부인하고 여름날 더위를 잊으려 '귀신 영화'를 보며 스릴을 느꼈지, 그래 그 스릴을 지금 느껴봐! 느껴봐! 아! 하! 하, 미련한 놈들 감히 우리를 가지고 놀아!" 마귀들은 분노하며 더 세게 한 바퀴를 더 돌리는 것이었다.

그때 아직 창끝에 찔리지 않은 한 사람이 마귀에게 다가와 말했다.

"제 재산이 100억이 있습니다."

"그래서?"

"저를 이 지옥에서 구원해주시면 그 돈을 다 드리겠습니다."

"아니 이놈 봐라, 너는 이미 죽어서 왔고 그 돈은 아무 소용도 없어, 어디 세상에서 하던 짓거리를 이곳까지 와서 하려고 해!"

"저는 구원받을 수 없는 건가요?"

"그럼, 이제는 소용이 없어, 네 스스로가 선택한 길이야, 우리를 원망 말라고,"

그러자 한 가닥의 희망을 가졌던 그 사람은 제자리에 돌아와 창 끝에 꽂힐 순간만 기다리고 있었다.

이제 창으로 원을 돌리던 마귀가 재미가 없어졌는지 창을 들어 올림픽 창던지기 선수처럼 벼랑 아래의 끝없이 타오르는 지옥불을 향하여 던지는 것이었다. 그들은 마치 로켓에 탄 것처럼 빠른 속도로 날아가며 귀청이 찢어질 듯한 비명을 지르는 것이었다. 이 모습을 지켜보던 대기자들은 오줌을 질금질금 싸는 것도 잊은 채 앞으로 닥칠 환난으로 벌벌 떨고 있었다.

숨어서 이 광경을 보던 나는 순간적으로 "악!"하고 비명을 지르고 말았다. 그것이 실수였다. 그 소리를 들은 마귀들이 쏜살같이 달려와 나를 포승줄로 묶어 책상 앞까지 끌고 온 것이었다.

마귀가 말했다.

"이놈 봐라, 데리고 온 자도 없는데, 어떻게 여길 혼자 들어온 것이냐? 아주 수상한 놈이군."

그들은 좀 전처럼 주소를 확인했다. 그러나 지옥 나라 공책에는 내 이름이 없었다. 혹시라도 풀어줄까 기대를 가지고 있던 찰나,

한 마귀가 나를 알아보고 말했다.

"아니, 이놈도 우리새끼구만!"

그리고는 나를 지옥불 위의 낭떠러지에 세우는 것이 아닌가! 나는 다시 말할 수 없는 공포와 두려움으로 사시나무 떨 듯 떨었다.

나는 발을 헛디뎌 끝도 없이 깊은 지옥불을 향해 빠른 속도로 하강했다. 얼마 후 나는 유황불이 타오르는 곳에 떨어졌다. 지옥 바닥은 온통 불바닥이었다. 너무 뜨거워 위를 향해 점프했지만 다시 떨어져 발이 익어버렸다.

익어버린 발바닥에서 살점이 뚝뚝 떨어졌다. 그러나 그런 걸 신경 쓸 겨를이 없었다. 무조건 도망가야 했다. 하지만 도망갈 곳은 마땅치 않았고, 주변은 캄캄하고 들려오는 것이라곤 애 어른 할 것 없이 질러대는 비명소리뿐이었다.

언뜻 숨을 곳이 있는 것 같아, 젖 먹던 힘을 다해 도망가는데 어디서 나타났는지 그 시퍼런 유황불이 나를 향해 날아온 것이다. 이승에서 데모하는 사람들이 '분신'했다는 소식을 들었는데 그 고통이 바로 이런 것이리라.

나를 한참 태운 유황불은 다른 사람을 태우고 또 다른 사람을 태운 뒤 다시 내게로 다가왔다. 정말 살고 싶어도 살 수가 없었다. 밑은 불바닥이지, 공중에는 유황불이 사람들을 태우며 다니지, 그렇다고 죽으려 해도 죽을 수 없는 곳이 바로 이 곳이었다. 영원히, 영원토록 상처에 소금을 치는 고통만 있는 그런 곳.

거기는 구더기도 죽지 않고 불도 꺼지지 아니 하느니라. 사람마다 불로서 소금 치듯 함을 받으리라(막9:48-49).

나는 정신이 나간 상태에서 이리 뛰고 저리 뛰고, 사람들이 도망가는 곳으로 함께 뛰다가 불기둥이 날아오면 다시 혼자 도망가곤 했다. 그 와중에 잠시 이런 생각이 들었다.

우리 여섯 아이를 예수를 위해 바쳤는데 이 꼴이 무엇인가? 천국에 가 있어야 할 내가 불신자들이 오는 지옥에 오다니? 무언가 잘못된 것이 있다고 생각하여 나는 목청이 터져라 기도했다(욘2:1-2).

"하나님! 나에게 한번만 기회를 주십시오, 나를 한번만 살려주세요."

지옥의 고통 속에서 부르짖는 나의 기도는 애절하고 처절했다. 아 그런데 이게 웬 일인가? 아까 나와 함께 동행하던 천사의 음성이 들리는 것이 아닌가? 너무 고통스러워 까맣게 잊어버리고 있었는데……, 나는 너무 반가와 소리쳤다.

"천사님 어디계세요?"

그러자 천사의 음성이 들려왔다.

"지옥의 뜨거운 고통이 어떠냐? 거기서 살고 싶으냐?"

"아닙니다. 나를 살려주십시오."

그러자 천사는 '하얀 줄'을 내려 보냈다. 나는 그것이 구원의 줄인 줄 알고 내 손이 닿는 곳까지 내려오기를 기다리고 있었다. 아니 그런데 어디서 몰려들었는지 수십 명의 사람들이 그 줄을 붙잡고 올라가려 혈안이 되어있는 것이 아닌가. 줄은 점점 내려와 손에 닿을 정도가 됐다.

그러자 수많은 사람들이 그 줄을 붙잡았다. 꼭 서커스에서 줄에 매달린 원숭이들을 보는 것 같았다. 이승과 다른 게 있다면 지옥에서는 수십 명의 '사람 원숭이'들이 저마다 살겠다고 매달려 있다는 것이다.

• 흰줄에 매달린 수십 명의 사람들

　흰 줄에 매달린 사람들, 다들 지옥의 불길을 피해 그 고통을 면해 보겠다고 줄을 붙잡은 사람들이다. 나를 비롯해 수십 명이 매달려 있으니, 참으로 가관이었다. 줄을 붙잡은 사람 중에는 줄이 미끄러워 좀 붙잡고 있다 스스로 지옥불로 떨어지는 사람도 있고, 미끄러지다 다른 사람의 엉덩이를 붙잡는 사람도 있었다. 그러면 그 사람은 발길로 걷어차고……, 그러나 그것도 잠시뿐이었다.

　흰줄을 붙잡고 있던 천사가 나만 남겨놓고 모두 지옥으로 떨어뜨리는 것이 아닌가? 지옥에서 탈출한 나는 힘이 쭉 빠져 천사 옆에 누워있었다. 천사는 웃으면서 이렇게 말했다.

　"그 고통이 어떠하더냐, 또 그곳에 들어갈 생각이냐?"

　나는 재빠르고 강하게 대답했다.

　"깡통을 차고 빌어먹어도 지옥만은 안 가렵니다."

　"그래, 그 마음 변치마라."

　천사는 지쳐있는 나에게 생명과를 먹여주었다. 그러자 온몸에 생기가 돌면서 살 것만 같았다.

또 저가 수정같이 맑은 생명수의 강을 내게 보이니 하나님과 및 어린양의 보좌로부터 나서 길 가운데로 흐르더라 강 좌우에 생명나무가 있어 열두 가지 실과를 맺히되 달마다 그 실과를 맺히고 그 나무 잎사귀들은 만국을 소성하기 위하여 있더라(계 22:1–2).

• 유황불 속에서 만난 아버지

천사가 말했다.

"이제는 본격적으로 지옥을 방문하도록 하자."

그 말에 나는 소스라쳤다.

"안 됩니다. 나는 더 이상 지옥에는 못 갑니다"

그러자 천사는 부드럽게 미소를 지었다.

"이제부터는 방문자로서 지옥의 고통을 느끼지 않고 지옥의 상황만 보게 되는 것이다. 그러니 두려워 하지마라."

그때 나는 안도의 한숨을 쉬었다. 무서운 지옥을 다시 간다는 말에는 언뜻 내키진 않지만 그렇다고 천사의 말에 마냥 불순종 할 수도 없었다. 어떤 면에서는 신앙생활에 큰 유익도 있을 것 같아 순종하기로 마음 먹었다.

나는 천사의 손을 잡고 걸어가는데, 건물에 불이 났을 때 타오르는 매콤한 유독가스가 코끝을 자극하며 목은 1분도 되지 않았는데 벌써 막혀버릴 것 같은 느낌이었다. 어디쯤 왔을까? 내가 생각하기도 한참 들어온 것 같은데 천사는 걸음을 멈추지 않았다. 하도 궁금하여 물었다.

"천사님, 지금 어디로 가는 것인지요?"

"가보면 안다."

"어디를 가보면 안다는 것인지요?"

"지금은 말할 수 없다."

"그래도 알려주시면 안될까요?"

"나도 마음이 아파 차마 입을 못 열겠구나."

나는 더욱 조바심이 났다. 천사는 왜 확실히 말해주지 않는 것일까 생각하며, 손으로 코를 막고 걸어가고 있는데 유황불이 활활 타오르는 어느 곳에서 천사가 발걸음을 멈췄다. 나는 깜짝 놀라지 않을 수 없었다.

"천사님 여기는 왜 왔는지요?"

"조금 후면 알게 된단다."

천사는 그 유황불을 관리하며 사람을 태우는 마귀에게 뭐라고 말하는 것 같더니 조금 후에 불에 타서 온몸이 개처럼 끄슬린 노인네가 기어 나오는 것이 아닌가? 어디서 본 듯한 노인인데 금방 생각이 나지 않았다. 그렇게 힘없이 끌려 나오던 노인은 나를 보자 놀란 표정으로 이렇게 말하는 게 아닌가?

"상호야! 어찌된 일이냐?"

"아…, 아버님이세요?"

"그래, 너도 죽어서 지옥에 온 게냐?"

"아닙니다. 죽어서 온 것이 아닙니다. 방문자로 왔습니다."

흐르는 눈물이 목으로 넘어가 견딜 수 없을 지경이었다. 아버님이 좀 더 오래 사셨으며 분명 전도하여 구원시켜드렸을 텐데, 이제는 어찌할 수 없는 것이다.

아버지의 몰골을 보니, 이것은 사람이 아니었다. 온 몸이 유황불에 그슬렸고, 마귀의 채찍에 휘둘려 온몸에 살점은 떨어져 나가 흉측하기 이를 데 없었다. 그때 아버지가 죽을 힘을 다해 이렇게 말하는 것이었다.

"상호야, 내 아들아!"

"네, 아버지…."

"이곳은 사람이 살 데가 못되는 곳이다. 그러니 너는 나중에 이곳에 오면 안 된다."

"네."

"세상에 나가거든 남은 형제들에게 우상이고 뭐고 다 버리고 하나님 앞에 가라고 해, 네가 세상에 나가거든 꼭 형제들을 전도해야 한다."

"네, 아버지."

나는 울면서 아버지를 부둥켜안았다. 나만 운 것이 아니라 아버지 또한 통곡을 하고 계셨다. 이 통곡이 차라리 남북 이산가족 만남이라면 얼마나 좋을까? 나 자신만 아니라 우리 모두가 지옥에서 만날 사람이 있으면 안 된다.

　면회시간이 끝나고 아버지는 힘없는 발걸음으로 마귀에게 끌려 가셨다. 뒤돌아보는 아버지의 얼굴모습을 보니 가슴이 천근만근처럼 느껴졌다. 그때 나는 결심을 하고 또 결심을 했다. 가족들 전도를 위해서라면 내 목숨을 담보로 구원시키리라.

　나의 달려갈 길과 주예수께 받은 사명 곧 하나님의 은혜의 복음 증거하는 일을 마치려 함에는 나의 생명을 조금도 귀한 것으로 여기지 아니하노라(행20:24).

• 음란죄를 지은 자들이 가 있는 곳

천사가 나에게 저쪽으로 가자고 했다. 천사의 인도를 받아 가고 있는데 먼발치에서 '반짝반짝' 빛이 나는 게 보였다. 궁금하여 이번에는 어디로 가느냐 물었더니 음란죄를 지은 사람들이 가는 곳에 가자고 했다.

그 앞에 서자 문이 저절로 열렸고, 천사가 나를 그 안으로 강제로 밀어 넣었다. 방을 보니 바닥은 다른 지옥처럼 '불바닥'인데, 다른 게 있다면 '뱀' 천지라는 것이었다. 한 종류가 아니라 세상에서 볼 수 없던 수천 종류의 뱀들이 득실거렸다. 뱀이란 보기만 해도 징그러운데 뱀과 함께 같이 지내야 하는 이들의 고통은 이루 말로 할 수 없으리라.

그곳에는 이미 헤아릴 수 없이 많은 남녀들이 벌거벗은 채 모여 있었고, 누구랄 것 없이 모두가 뱀에 칭칭 감겨 있었다. 뱀들이 사람들의 몸을 조여 오면 그들은 숨넘어가는 소리를 질러댔다.

그런데 자세히 보니 뱀들이 이상한 짓을 하고 있었다. 뱀들은 사람들의 입으로 들어갔다 귀로 나오고, 콧구멍으로 들어갔다 입으로 나오고, 그렇게 구멍만 있으면 들어갔다 나왔다 하는데 그 고통이 얼마나 심하고 고통스러운지 사람들은 거의 초죽음 상태였다.

이런 고통과 괴로움은 한두 달로 끝나는 것이 아니고 영원토록 이어지는 것이니 어찌하면 좋단 말인가? 지금 뱀들의 공격을 받고 있는 음란자들도 이미 오래 전에 이곳에 와 지금까지 계속 당하고 있는 것이었다.

그 광경을 보고 있는 나에게 갑자기 뱀 한 마리가 다가오더니 입 속으로 쑥 들어왔다. 온몸이 부서지는 느낌과 동시에, 뱀이 귀고 코고 할 것 없이 들어갔다 나왔다 하는 것이 아닌가? 나는 불바닥 위를 뛰면서 큰 소리로 부르짖었다.

"살려주세요, 주님!"

그렇게 있는 힘을 다 하여 기도했더니 천사의 음성이 들려왔다.

"지옥 뱀들의 공격을 받으니 어떠냐?"

"1초도 견디기 힘듭니다."

"그래 너는 세상에 나가서 이런 죄들을 범하지 마라."

"네, 알겠습니다! 꼭 명심하겠습니다."

그러나 두려워하는 자들과 믿지 아니하는 자들과 흉악한 자들과 살인자들과 행음

자들과 술객들과 우상 숭배자들과 모든 거짓말하는 자들은 불과 유황으로 타는 못에 참예하리니 이것이 둘째 사망이라(계21:8).

• 영원토록 먹고 마시는 담배와 술

　나는 천사의 손을 붙잡고 어둡고 긴 터널을 지나 어느 곳에 다다랐기에 천사에게 말했다.

　"여기는 어떤 곳이예요?"

　"이곳은 담배 피는 것을 특히 좋아하던 사람들이 온 곳이란다."

　나는 섬뜩했다. 왜냐하면 담배는 세상에 있을 때 나와 무관하지 않기 때문이었다. 특히 노름할 때 잘 풀리지 않으면 한 대 꼬나물고 깊은 생각을 했기 때문이다.

　그런데 담배만 피는 곳이 있다니 한편으로는 궁금하기도 하면서, 한편으로는 그 불똥이 또 내게 튀지 않을까 내심 걱정도 됐다. 천사의 소리가 들렸다.

　"자, 들어가자."

　"예"

　그런데 놀라운 광경이 내 앞에 펼쳐졌다. 그곳에서도 남녀들이 많이 있었다. 다들 담배를 물고 있었는데 내가 볼 때는 우스운 광경이지만 당하는 본인들은 보통 고생이 아니리라. 어떤 사람은 입을 벌어질 때까지 벌려 담배 개비 수십 개를 억지로 물고 있었다.

그런데 더 가관인 것은 그 수십 개의 담배에 모두 불이 붙어 있다는 사실이었다. 그 사람들이 숨을 쉴 때마다 담배는 타오르고 사람들은 죽겠다고 비명을 지르는 것이다. 다른 사람들 입에도 예외 없이 담배가 가득 물려 있었다. 처음에는 우습게 바라보던 나도 이내 결코 남의 일이 아니라는 느낌이 들었다. 그 방안 역시 새빨갛게 달궈진 '불바닥'으로 되어 있었고 사람들은 그 위에서 팔팔 뛰며 담배 고문을 당하는 것이었다.

사람들의 입만 바라보고 있던 나는 또 한 가지 놀라운 사실을 알게 됐다. 담배가 입에만 물려 있는 것이 아니라, 콧구멍과 귓구멍까지도 가득 차있었고 거기에도 불은 붙어 있는 것이었다. 지금도 궁금한 것은 그들이 과연 어디로 숨을 쉬었을까 하는 것이다.

나는 이승에서 예수를 믿을 때 담배 핀 죄에 대해서 철저히 회개했었다. 그러나 이곳에 와서 이런 광경을 보니 꿈에라도 이런 일이 일어나지 않기를 바라며, 다시 이승에 가서도 어떤 일이 있든 절대 담배는 피지 않으리라 다짐하게 됐다. 그때 천사가 다가왔다.
"세상에 나가거든 담배를 다시 필 건가?"
"아닙니다. 결코 그런 일은 없을 겁니다."
"그 결심 변치 않도록 해라."

"네, 목숨을 바쳐서라도 그런 일은 하지 않겠습니다. 그런데 천사님……, 담배 연기와 유황불 탈 때 나는 가스 냄새 때문에 견딜 수가 없습니다."

"그래, 이제 다른 방으로 가자."

그래서 천사를 따라 다른 곳에 도착해 보니 '술 먹는 지옥'이라는 간판이 보였다. 술 하면 정말 자유롭지 못한 몸이 바로 나였다. 술을 얼마나 좋아했는지, 술 먹는 재미로 세상을 살아왔다 해도 과언이 아니다. 보은 장날 그 먼 거리를 가서도, 술 한말 지고 오지는 못 해도 마시고는 올 수 있던 내가 아니던가? 그런데 지옥에도 술 먹는 곳이 있다니, 도대체 무슨 말인지……, 이런 저런 생각으로 가득 차 있을 때 천사가 갑자기 그곳으로 나를 밀어 넣었다. 동시에 나는 강 속에 빠졌다. 순간, 의아한 것이 하나 있었다. 지옥에는 강이 없다는 이야기를 들었는데, 웬 강일까? 아, 그런데 이것은 보통강이 아니었다. 무언가 익숙한 향이 코를 찔렀다. 무슨 냄새일까? 나중에 알게 된 사실인데 소주, 막걸리, 맥주, 그리고 썩은 구정물을 섞으면 그런 냄새가 난다고 한다. 그것은 다름 아닌 '지옥 나라의 술'이었다.

이승에서의 술은 그래도 제 각기 특징이 있어 '취하는 맛'도 있는데, 이것은 '술'이라고 하기 보다는 사람을 죽이는 '물'에 가까웠다.

나는 썩은 술의 강에 빠져 허우적거리다 그 물을 조금 먹게 되었는데, 아마 세상에 이렇게 더럽고 먹기 고통스러운 물도 없을 것이다. 물속에 빠져 밑바닥까지 내려갔는데, 그 곳에는 셀 수 없이 많은 사람들이 나처럼 그 썩은 '술 물'을 들이켜며 죽을 고생을 하고 있는 것이 아닌가? 이것은 아무것도 아니었다. 시간이 좀 지나니까, 어떤 마귀가 나타나서 이런 말을 하는 것이다.

"네 이놈들! 세상에서 술 좋아하던 놈들아, 좀 쉬었느냐? 여태까지는 쉬었으니 이제 새롭게 시작해볼까?"

나는 마귀의 말을 이해할 수 없었다. 우리가 쉬기는 언제 쉬었다고 그렇게 말하는 것인지. 이렇게 나 혼자 중얼거리며 허우적거리는데 물이 갑자기 뜨거워지기 시작하는 것이다. 또 다시 마귀의 목소리가 들려왔다.

"으하하, '지옥의 술' 온도 스위치를 천도까지 올렸지."

그렇지 않아도 숨을 쉴 수 없는데, 온도를 천도까지 올리면 어떻게 하나, 세상에서는 백도만 되어도 물이 끓고 그 속에 들어가면 죽음을 면치 못 할 텐데, 천도라면 어찌 살 수 있을까? 그런데 이상한 것은 천도의 뜨거운 고통은 있지만 지옥에서는 죽음이 없다는 사실이다. 나를 비롯하여 술 좋아하던 사람들이 썩은 술 물을 들이키면서 온몸은 다 익어버렸다.

그리고 이것은 아무 것도 아니었다. 조금 후에는 어떤 마귀가 나타나 전봇대로 '술의 강'을 휘저으니 맨 밑바닥에 있는 사람은 위로 위에 있던 사람은 아래로, 그리고 술 찌꺼기를 다시 풀어헤치는 것이다. 세상에 이런 고통이 있을 수 있을까……, 찾아보려야 찾아볼 수 없을 고통이었다.

하나님은 심은 대로 갚아주신다고 하셨는데 술을 좋아하던 나에게 확실한 경험을 하게 하신 것이다

스스로 속이지 말라 하나님은 만홀히 여김을 받지 아니하시나니 사람이 무엇으로 심든지 그대로 거두리라(갈6:7)

세상에서 술 좋아하던 자들은 이곳에 와서도 원 없이 마시게 될 것이다. 술 좋아하던 어떤 분에게 "술독에 빠져 죽었으면 좋겠다" 라는 말을 여러 번 들은 적이 있는데 정말 '무서운 말' 이라고 생각한다. 그런 술에 취하지 말고 성령의 새술에 취해야만 한다(행 2:13)

나는 정신을 차리고 말했다.

"천사님 살려주세요!"

마지막 힘을 다 하여 부르짖었더니 어떤 '흰 손' 하나가 나타나더니 나를 확 낚아 채는 것이 아닌가? 그러자 나는 구정물속에서 간신히 빠져 나올 수 있었다. 천사가 나를 보며 이런 얘기를 하는 것이다

"너 예전에 술 좋아했지?"

"네"

"그래서 내가 이번에는 확실한 체험을 할 수 있게 해준 것이다."

"예, 알겠습니다."

"김상호!"

"네"

"너 다시 한잔 할래?"

"아닙니다."

"정말?"

"네, 예전에 제가 예수를 믿기 전이었기 때문에 그랬지만, 이제는 성령의 새술에 날마다 취할 것입니다."

천사가 나의 상태를 점검하는 것이라 생각되어 나도 정확하고 확실하게 심령의 상태를 알려드렸던 것이다. '술'은 나와 영원한 이별을 하게 된 것이다. 그러던 차에 또 한 사람이 마귀에게 끌려왔다. 무슨 일로 왔는지 궁금해하고 있는데 천사가 말했다.

"저 사람은 세상에 있을 때 술과 담배를 다 한 사람인데 어느 지옥으로 가야할 것 같으냐?"

"제가 그것을 어떻게 알겠습니까?"

"그렇지 조금 있으면 알게 된단다."

천사의 말이 끝나자마자 어떤 마귀가 '저울' 하나를 가지고 왔는데 언뜻 보아도 보통 저울이 아닌게 분명했다. 이승의 목욕탕 저울보다 좀 커 보이는데 어찌나 많은 사람들이 이 저울을 사용했는지 낡아 비꺼덕 비꺼덕 소리를 냈다. 비록 낡은 '저울'이기는 했지만 인류가 지옥에 온 후로 현재까지 사용하는 단 하나밖에 없는 저울로 오랜 전통이 있는 저울이었다.

마귀의 목소리가 들려왔다.

"이 괘씸한 놈, 술을 많이 먹든지 담배를 더 피든지 하지 왜 이 지옥까지 와서 바쁜 우리를 번거롭게 해!"

그때 끌려온 사람은 초라한 몰골로 두려움에 떨며 말했다.
"죄송합니다."
"죄송합니다 라고 말하면 다 야."
마귀는 그 사람 옆에 저울을 내려놓으며
"여기 올라서봐."
"네"

그런데 그 저울은 생긴 것과는 다르게 정확하게 그를 측정하는 것이었다. 저울의 바늘은 한참 동안 흔들리더니 '술'쪽으로 기울어졌다. 마귀는 내심 기뻐하면서
"나도 그럴 줄 알았어, 내 생각이 맞았지, 나도 이 일을 한지가 수천 년이 됐기에 저울에 달기 전에도 대충 느낄 수 있지."
마귀는 혼자 지껄이더니 두려워 떠는 그를 옆에 있던 피 묻은 창으로 쿡 찔러 썩은 물속으로 밀어 넣는 것이 아닌가!

아까 내가 있을 때와는 다르게 그 큰 유황불들이 돌아다니면서 썩은 물속을 뒤섞이게 하는데 역시 많은 사람들이 그 곳에서 '구원' 해 달라고 간절히 외치나 어느 누구나 그 소리에 귀를 기울이지 않는다는 사실이다. 살아있을 때 자신의 영혼 구원을 부르짖었다

면 분명 응답을 받았을 것이다.

내가 환란에서 여호와께 아뢰며 나의 하나님께 부르짖었더니 저가 그 전에서 내 소리를 들으심이여 그 앞에서 나의 부르짖음이 그 귀에 들렸도다(시18:6).

칼과 작두가 난무하는 그 곳

천사는 나를 데리고 어느 장소로 가고 있는 중이다. 그때 천사는 나에게 이렇게 물었다.

"너는 세상에 살 때 도적질한 적이 있느냐?"

나는 부끄러워하며 대답을 못 하고 있는데 어느덧 어느 장소에 도착했다.

가만히 정신을 차리고 살펴보니 그 곳에는 이렇게 간판이 써 있었다. "도둑놈들이 오는 지옥" 나는 살벌한 지옥을 방문 하느라고 쉴 틈이 없었는데 그 간판을 쳐다보니 혼자 웃음이 나왔다. 그 웃음도 잠시이다. 그 감옥 안에 도둑놈들이 가득 찼다. 뭘, 도둑질한 놈들이 저렇게 많나 생각할 때, 나 또한 자유롭지 못한 것이 사실이었다.

그 앞에 서자 낡고 묵직한 쇠사슬이 자동적으로 발목을 감았고 나는 그곳으로 끌려 들어갔다. 거기에는 이미 수많은 도둑들이 고통을 당하고 있었다. 모두들 하나같이 손을 펴고 엎드려 있었다. 그런데 역시 밑바닥은 '시뻘건 불바닥'이었다. 나와 함께 이들이 벌벌 떠는 이유는 다른 데 있었다. 공중을 살펴보니 세상에서는 보기 힘든 큰 칼들과 큰 작두가 매달려 있었던 것이다.

조금 있은 후 공중에서 큰 칼과 작두가 움직이기 시작했다. 아니 우리가 있는 곳으로 쾌속열차처럼 내려오는데 이미 움직일 수 없는 몸들이었다. 그것들이 내려오는 동시에 사람들의 발과 다리, 목들이 절단되었다.

아, 그 고통은 이루 설명할 길이 없었다. 그런데 더 이상한 것은 칼과 작두로 인해 팔다리가 잘리지만 떨어졌다가는 다시 붙는다는 사실이었다. 그리고 공중으로 올라갔던 기구들은 잠시 후 다시 내려오기를 반복했다. 여기서는 영원토록 사람들의 몸과 다리를 잘랐다 붙였다 하는 곳이었다.

이제는 더 이상 견딜 수 없을 것 같아 소리질렀다.
"주여, 살려주세요."
그때 천사가 나를 구원해 주었다. 세상에서는 도둑질이 드러나지 않으면 죄가 아니지만 그 곳은 죄가 숨김없이 드러나는 곳이었다.
구원받은 후에 천사가 말했다.
"너도 도둑질할래?"

그때 머리를 살래살래 저으며 말했다.

"이제는 깨끗하게 살 것입니다."

이렇게 나는 다짐을 하고 또 다짐을 했던 것이다.

도적이 오는 것은 도적질하고 죽이고 멸망시키려는 것뿐이요, 내가 온 것은 양으로 생명을 얻게 하고 더 풍성히 얻게 하려는 것이라(요10:10).

도적질하는 자는 다시 도적질하지 말고 돌이켜 빈궁한 자에게 구제할 것이 있기 위하여 제 손으로 수고하여 선한 일을 하라(엡4:28).

• 불기둥에 묶여 있는 자들

천사의 손에 이끌려 다른 곳에 왔는데 천사는 이곳은 특별한 곳이라고 부연설명까지 곁들였다. 궁금해진 나는 물어봤다.

"어떤 곳인데요?"

"가보면 안다."

"그래도요."

"이제 다 왔다."

그 곳의 간판은 이렇게 써 있었다. '주의종들을 대적하는 자들이 오는 지옥', 내 스스로 느끼기에도 무섭고 긴장감이 돌았다. 그 안에 들어가 보니 역시 그 곳에서도 수많은 사람들이 지옥의 형벌을 받고 있었다.

다들 시뻘건 불기둥에 묶여 있었다. 그 기둥의 모습은 포항제철에서 볼 수 있는 쇠가 굳기 전 '시뻘건 불기둥' 그 자체였다. 사람들이 불기둥에 묶여있으니 온몸이 '지글지글'타면서도 묶인 몸은 도망가지를 못했다. 온몸을 인두로 지지는 듯 살타는 냄새가 온방에 진동했다. 훗날 동네에서 개 끄슬린 냄새가 코끝을 자극하면 그때가 연상되어 깜짝 깜짝 놀라곤 했다.

불기둥에 매여 있을 뿐 아니라 각 사람마다 마귀 두 마리씩 붙어서 사람들의 목을 '쓱, 쓱' 썰고 있었다. 여기서는 흥부전에서 처럼 '박'을 써는 것이 아니라, 사람의 목을 두고 마귀 두 마리가 긴 쇠톱으로 주거니 받거니 하며 써는 것이다. 그 모습을 보고 겁에 질려 그 자리에서 주저 앉고 말았다. 어디서 나타났는지 마귀 한 마리가 나를 불기둥으로 끌고 가 강제로 묶은 뒤 톱으로 목을 썰기 시작했다. 그 고통은 견디기 힘들 정도였다. 그러나 떨어진 목은 조금 후 다시 붙었고, 마귀 두 마리가 목을 썰면 떨어졌다 다시 붙고, 또 썰면 다시 붙는 일이 계속 반복되는 것이었다.

그중 대장격인 마귀가 위엄 있고 똑부러지는 목소리로 말했다.
"하나님의 교회와 하나님의 종들을 괴롭힌 이놈들은 이정도로는 어림도 없어 더 큰 고통을 받아야 돼!"
그러더니 마귀 하나는 계속 톱으로 목을 썰고 다른 마귀는 유황불에 달군 쇠꼬챙이로 배를 푹푹 찔러댔다. 쇠꼬챙이로 찌른 배는 구멍이 뚫려 그 틈으로 창자가 흘러나왔다.

거기에 마귀가 한 마디 보탰다.

"이런 놈들은 고생을 더 해봐야 돼."

"빨리 죽여주세요!"

"이놈아 아직도 몰라? 이곳은 영원토록 죽는 것은 없어!"

그리고는 마귀 하나가 내 배도 쇠꼬챙이로 찌르려 했고, 나는 있는 힘을 다해 외쳤다.

"하나님 살려주세요!"

천지를 진동시키는 음성이었다. 이때 천사가 나타나 나를 그곳에서 끄집어 냈다.

천사는 심각한 얼굴로 질문했다.

"너는 하나님의 종을 교회강단에서 끌어낸 적이 있느냐?"

"없습니다. 저는 초신자이기에 그런 일은 생각도 해본 적이 없습니다."

"하나님의 종을 주님같이 섬겨야 한다."

"네, 알겠습니다."

"하나님의 종을 괴롭히면 주님을 괴롭히는 것이니라."

"명심하겠습니다."

나의 50년 전의 이 영적 체험과 하나님의 말씀에 따라 주의 종 섬기기를 하나님 섬기듯 한다. 이 마음은 그때나 지금이나 변함이 없으며 주님께 부름을 받을 때까지도 변함이 없으리라 생각한다.

너희들 인도하는 자들에게 순종하고 복종하라. 저희는 너희 영혼을 위하여 경성하기를 자기가 회계할 자인 것 같이 하느니라. 저희로 하여금 즐거움으로 이것을 하게 하고, 근심으로 하게 말라. 그렇지 않으면 너희에게 유익이 없느니라(히13:17).

• 끓고 있는 가마솥 속의 부자들

이번에 간 곳은 '부자들이 가는 지옥'이었다. 내가 언뜻 생각하기를 '좀 편한 지옥인가?' 생각했다. 이승에서도 아주 특수한 사람들은 감옥에 들어가도 시설 좋은 곳에서 편하게 지낸다는 말을 얼핏 들은 기억이 있기 때문이다.

그러나 천사의 설명을 어느 정도 들어보니 그런 것 같지는 않았다. 그 지옥 앞에는 두 마리의 마귀가 무전기를 들고 철통 같은 경비를 서고 있었다. 그것만 보더라도 이곳은 아무나 들어갈 수 없는 특수한 지옥이라는 것을 느낄 수 있었다. 산골 시골 마을에 사는 나는 '부자'하고는 인연이 없기에 혹시 이곳은 참관을 못하는 것이 아닐까 생각하니 조바심이 났다.

이런 우려를 뒤로 하고, 나는 천사의 허락 하에 그곳을 따라 들어가게 됐다. 그런데 여기에도 특수한 저울이 있었다. 이 저울의 용도는 세상에 있을 때의 '세무 조사'가 가능한 저울이었다. 여기에는 한 개인이 태어나서 죽을 때까지의 모든 재산 내역이 기록돼 있었다. 세상의 세무공무원은 속일 수는 있을지라도 이곳에서는 결단코 속일 수는 없다.

즉, 일단 사람이 그 저울에 올라서기만 하면 자동으로 그의 재산 내역이 체크되는 것이다. 그래서 몇천 년째 이 일을 담당한 마귀들도 경험으로는 말하지 않고, 오직 그 '정확한 저울'을 이용하는 것이다.

내가 그곳을 통과하고 있을 때도 한국에서 온 어떤 부자가 저울에 올라가 재산관련 자료를 뽑고 있는 중이었다. 그를 뒤로하고 안으로 들어가니 그곳은 과연 보통 지옥이 아니었다. '끝도 없는 가마솥'이 수천 개가 보이는데 거기에는 물이 부글부글 끓고 있었다.

그 속에는 뼈만 앙상하게 남은 사람들이 살아있는 채로 탕 속에서 끓여지고 있었다. 지금은 저렇게 뼈만 남아 볼품이 없지만 저들이 한때 각 나라에서 위엄을 떨치던 부자들이었다. 늘 고단백의 음식과 각종 비타민, 장수식품들을 복용하여 얼굴에는 늘 건강미가 넘쳤고 불어난 아랫배를 보며 부자의 상징이나 된다는 듯 흐뭇해하던 자들이었다. 그들이 내세가 있는 줄 알았다면 자신을 위하여 투자하지 않고 그리스도와 어려운 사람들을 위하여 투자했을 텐데, 애석하게도 하나님을 못 믿고 자신만을 믿다가 죽어서 부자들이 오는 지옥에 오게 된 것이 아닌가?

나는 그래도 부자가 안 된 것을 진심으로 감사를 드렸다. 부자는 천국에 가기 힘들다고 성경에서도 말씀하고 있지 않는가?(막10:25)

약대가 바늘귀로 나가는 것이 부자가 하나님의 나라에 들어가는 것보다 쉬우니라 하신대(막 10:25).

마귀는 부자들을 바라보고 분노하며 큰 소리를 질렀다.

"이놈들은 큰돈을 벌어서는 남한테 쓰지 않고 혼자만 쳐 먹은 놈들이야. 남의 피를 빨아먹은 아주 악질 같은 놈들이지."

마귀들은 분이 안 풀렸는지 끓는 가마솥 사이를 분주히 왔다 갔다 하는 것이었다. 참으로 신기한 것은 마귀들도 바른말을 한다는 것이었다.

바울과 우리를 찾아와서 소리질러 가로되 이 사람들은 지극히 높은 하나님의 종으로 구원의 길을 너희에게 전하는 자라 하며(행16:17).

마귀들은 빠르게 가마솥 주변을 돌아다니면서 큰 갈고리로 뼈만 남은 사람들을 확 낚아채더니 100m밖으로 내던지는 것이다. 그러면 멀리 날아가다가 바닥에 부딪치면 온몸의 뼈가 다 바스라지는 것이다. 그렇게 그냥 죽으면 차라리 좋으련만 조금 후 뼈가 자동적으로 붙는 것이었다. 마귀는 쏜살같이 달려와 그들을 갈고리에 탁 끼운 다음 각자의 가마솥으로 야구공 던지듯 던져 끓는 물속에 정확히 집어넣는 것이었다. 그러면 그 부자들은 죽는다고 비명을 질러댔다.

그 광경을 바라보고 있던 나까지 소리를 지르게 됐다.

"악!"

그러자 내 옆에 있던 천사가 말했다.

"그래도 여기까지 왔는데 한번 경험하고 가야지."

나는 무서워 뒷걸음을 쳤다. 그렇다고 천사의 명령을 계속 거부할 수 있는 형편이 아니었기에 따르기로 했다.

"제가 어떻게 하면 되나요?"

"끓는 물속에 손가락 하나만 넣어봐라."

"네……"

두려움에 떨며 왼쪽 손가락 하나를 집어넣었는데 "으~악"하며 뒤로 나가떨어졌다. 손가락 하나의 고통도 이렇게 견디기 힘든데 온몸이 끓는 가마솥에 빠지면 어떻게 될 것인가? 나는 세상에서 돈 없이 산 것이 그렇게 감사한 적도 없었다.

높은 산이 거친 들이 초막이나 궁궐이나 내 주 예수 모신 곳이 그 어디나 하늘 나라 할렐루야 찬양하세 내 모든 죄 사함받고 주예수와 동행하니 그 어디나 하늘 나라 ((통)찬송가495장).

• 식사시간에 몰려든 지옥의 부자들

  그곳에서 진귀한 풍경을 또 하나 목격하게 됐다. 그것은 다름 아닌 공중에서 밥상 하나가 내려오는데, 그 냄새가 어찌나 좋은지 밥을 언제 구경했는지도 모를 그곳 사람들에게 군침을 돌게 하는 것이었다. 내려온 음식을 보니 그 종류가 상당히 많은 것은 말할 것도 없고, 그야말로 산해진미로 보기만 해도 황홀할 지경이었다.

  그곳의 식사하는 분들은 흰 옷을 입은 분들이었는데 서로 담소를 나누며 즐겁게 식사를 하고 있었다. 이 때 가마솥 속에 있던 자들은 이것이 마지막 기회라 생각하며 100m 달리기 하듯 밥상 쪽으로 달려갔는데, 좀 전까지는 보이지 않던 철조망이 2중 3중으로 나타나는 통에 부자들은 아무리 발버둥쳐도 밥상까지 갈 수 없었다.

  손을 내뻗치면 음식물이 손에 닿을 듯했지만, 자기들 생각일 뿐 소용이 없었다. 이승에서 돈 믿고 자존심 세우며 살아왔던 부자들이 여기서는 자존심이고 뭐고 아무것도 없는 상태였다.

이때 마귀들이 달려와 철조망에 붙어 있는 부자들을 떼어내려 창을 마구 찔러대며 말했다.

"너희 새끼들은 세상에서 많이 쳐 먹었으니 이곳에서는 안 먹어도 돼! 여기서는 보기만 하지 먹을 수는 없어!"

결국 부자들은 음식은 맛도 못 보고 쇠꼬챙이에 찍혀 펄펄 끓는 가마솥 속으로 끌려가는 것이었다.

그 분들은 식사를 다 끝 낸 것 같았고 밥상은 날개달린 것처럼 하늘로 올라가 버리고 말았다. 아, 이렇게 허무할 수 있는가? 산해진미가 눈에 보이지 않고 맛있는 냄새가 나지 않는다면 그래도 참을 만 했을 텐데……. 뻔히 눈앞에 있는데 아무 것도 할 수 없는 자신들을 발견하고 얼마나 허탈했을 것인가?

나는 그곳에 가면 일단 모든 것이 끝난 것과 다름없기에 세상에 있을 때 정말 잘해야겠다는 다짐을 몇 번이고 했다.'나는 예수를 잘 믿어야 하겠고, 또 돈을 벌면 나를 위해 쓰지 말고 주를 위해 그리고 어려운 이웃을 위해 써야겠다'고 두 주먹을 불끈 쥐며 그 지옥을 빠져 나왔다.

선한 행실의 증거가 있어 혹은 자녀를 양육하며 혹은 나그네를 대접하며 혹은 성도들의 발을 씻기며 혹은 환난 당한 자들을 구제하며 혹은 모든 선한 일을 좇는 자라야 할 것이요(딤전5:10).

• 불기둥에 목이 매달린 사람들

나는 천사의 손에 이끌려 또 다른 지옥을 방문하려고 걷고 있는데 이번에는 천사가 묻지도 않았는데 먼저 말을 꺼내는 것이다.

"이번에는 어디 가는지 너는 아느냐?"

"아니 제가 어떻게 알겠습니까?"

"그래, 이번에는 세상에서 자살한 자들이 모여서 고통을 당하는 곳이란다."

"그 곳은 더 무서울 것 같네요."

"그렇지, 하나님이 주신 자신의 생명들을 스스로 버린 사람들에게는 용서란 없다."

그 말을 듣고 있던 나는 오금이 저려왔다. 자살이라면 동네사람들 중에도 산에서 목을 맨 사람도 있고 다른 마을에서도 이런 소식은 빈번히 접하고 있었기 때문이다. 사업 실패나 연애 실패, 신병 비관 등으로 목을 맨 사람들이 생각보다 많았기 때문이다.

천사와 함께 어느 산 중턱에 도달하자 도저히 눈뜨고는 볼 수 없는 광경이 나타났다. 거기에는 나무 팻말에 '자살자가 오는 지옥'이라고 아주 큰 글씨로 써 있었다. 다들 불기둥에 매달려 있는데 '혀'들이 한 발치씩 길게 빠져 있었다. 그들은 세상에서는 죽었는데 이곳에서는 살아 있는 것이다.

그런데 가만히 보니 내가 아는 사람들이 많이 있었다. 신문지상으로 익히 안 인물들도 있었고 나하고 가까운 사람들도 그 곳에 매달려 있었다. 각자 분야에서 성공한 분들이 저렇게 자살하여 이런 곳에 매달려 있는 것을 보니 보통 마음이 아픈 것이 아니었다. 그런데 그 불기둥에 매달린 숫자가 창세 이후부터 지금까지였으니, 도대체 내 손가락으로는 셀 수가 없을 정도였다.

마귀의 특별 허락을 받아서 어떤 여배우하고 얘기할 수 있는 기회가 주어졌다.
"아니, 이렇게 이쁘고 모든 사람의 선망이 되시는 분이 어쩐 일로 자살하여 보기 흉하게 매달려 있습니까!"
그러자 그녀는 거의 숨쉬기 힘들어 하면서 이렇게 말하는 것이었다.
"나는 여배우 중에 최고로 잘나가던 사람이었는데 인기가 떨어지고 사람들이 떠나가자 그 외로움을 견딜 수 없어 날마다 술로 지내다가 이렇게 사느니 단번에 죽어버리는 것이 낫다고 생각하여 깊은 밤 산꼭대기 나무에 목을 매어 죽었습니다."
그 말을 듣고 있던 나는 너무 너무 가슴 아파하며 다시 물어보았다.

"후회하시나요?"

"그럼요, 후회합니다. 죽은 후에 이런 세계가 있는 것을 알았다면 왜 제가 자살했겠습니까? 많은 기독교인들이 제게 예수 믿으라고 권고했지만 나는 그들의 삶을 보고 예수를 믿을 수 없었습니다."

나는 귀가 번쩍 뜨여 물었다.

"왜요?"

"왜냐구요? 그들은 말과 행동이 일치하지 않았습니다. 여기서는 이런 말하고 돌아서면 다른 말을 하더군요."

"그랬군요."

"그래도 제가 예수를 믿어야 했는데……."

나 또한 그녀의 말을 듣고는 자신을 돌아보았다. 정말 예수 믿는 사람으로서 부끄러운 행동은 안했던가? 나의 잘못된 행동 때문에 저 여자처럼 예수를 믿으려다 돌아섰던 사람은 없었을까? 목이 매달린 사람을 보며 잠시나마 '나는 의인이고 너는 죄인이다'라고 생각했는데 기독교인으로서 나는 정말 한 치의 책임도 없고 예수를 안 믿은 저 여인만 죄인인 것인가? 복잡한 생각에 고개를 떨구고 있는데 주님의 한 마디가 내 마음을 사로잡았다.

마태복음 18장 6절의 말씀이다.

"누구든지 나를 믿는 이 소자 중 하나를 실족케 하면 차라리 연자맷돌을 그 목에 달리우고 깊은 바다에 빠뜨리우는 것이 나으니라."

이 말씀은 다른 사람을 실족케 하는 경우에는 죽는 것이 더 낫다는 주님의 말씀인데, 그 순간 계속 이 말씀이 떠오르면서 저 여인의 죽음과 나와는 별개의 문제가 아니라는 생각을 갖게 됐다.

목을 매단 사람 중에 잘 아는 사업가도 보였다. 다가가서 왜 죽게 되었느냐고 물었다.

"세상에서는 돈이면 최고요, 안 될 것이 없는데 왜 자살하였습니까?"

"돈이요? 그렇지요, 돈이면 안 되는 것이 없는 세상이지요. 그 돈으로 명예도 살 수 있고, 지위도 살 수 있고, 학위도 살 수 있고, 젊은 여자들을 부인으로 만들어 살 수도 있고……, 돈이면 못할 것이 없는 세상이지요."

"아니, 그런데 무엇이 부족하여 목을 매었다는 말씀입니까?"

"나도 모르겠습니다. 모든 것이 다 갖추어있으니까 이 세상 살 흥미가 없어졌습니다. 목표가 없어진 것이죠. 한 마디로 재미가 없어진 것입니다."

"아니! 세상을 재미로 살아갑니까?"

"그럼요, 재미로 살아가고 흥미로 살아가는데 그것이 없어진 것입니다"

나는 그에게 정말 하고 싶은 말이 생각나 그의 말이 끝나기를 기다렸다.

"한 가지 궁금한 것이 있습니다. 사업도 하셨기에 상황 판단이 빠르실 거라 생각합니다. 예수쟁이들이 전도하는 말씀들 즉 '예수 믿고 천국가세요'라고 하는 말을 들으셨을 텐데, 왜 똑똑한 분이 죽은 후에 심판이 있다는 사실을 몰랐을까요? 나 또한 서당 문턱에도 가지 않은 사람인데 예수쟁이의 '예수 믿고 천국가세요' 한마디에 교회에 나가서 구원받고 영생을 얻었는데요, 당신 같은 사람이 예수를 안 믿은 것이 신기할 뿐입니다."

"그러게요."

그의 얼굴은 후회의 빛이 역력했고 말에도 힘이 없었다.

"혹시 당신에게 구원의 손길을 뻗치는 사람은 없었습니까?"

"예, 한 사람 있었습니다."

나는 조바심이 나서 한층 더 가까이 다가갔다.

"그런데요?"

"그 사람은 사업관계로 알게 된 큰 교회 장로인데 내 돈을 떼먹고 도망갔습니다. 아마 지금도 세상에서 안 갚은 것으로 알고 있습니다. 그가 정직하게 '돈거래'를 했으면 나는 아마 좋아서 지금쯤 어느 교회를 열심히 다니는 성도가 되었을지도 모릅니다."

아, 나는 또 머리가 아프기 시작했다. 목매달아 있는 자살자들이 결코 나와 무관한 사람들이 아니기에. 많은 기독교인들이 '회개, 회개' 하면서, '정말 간단하다, 주님께 용서를 빌면 모든 죄가 용서된다'고 입버릇처럼 말한다. 그리고 그 핑계로 돈을 빌린 후 잠적해버리고 다른 교회를 자기교회처럼 다니면서 빌린 돈을 갚지 않고 '하나님, 남에게 천 만원을 빌렸는데 혹은 백 만원을 빌렸는데 지금은 못 갚습니다. 그런데 훗날 돈 주시면 갚을게요' 이렇게 기도를 한다. 이 기도의 내용을 분석해 보면 '돈 갚을 의지'는 전혀 없고 그저 '말'뿐인 것이다. 다시 말하지만 이것은 기독교의 '회개'하고 는 전혀 상관없는 논리이다. '회개'는 그 말 뜻 그대로 '뉘우치고 고 쳐야 회개인 것이다. 돈을 안 갚고 백날 천날 형식적으로 기도하는 것은 소용 없음을 사람들이 꼭 명심했으면 좋겠다.

진실로 네게 이르노니 네가 호리라도 남김없이 다 갚기 전에는 결단코 거기서 나 오지 못하리라(마5:26).

네게 이르노니 호리라도 남김이 없이 갚지 아니 하여서는 결단코 저기서 나오지 못하리라 하시니라(눅12:59).

셀 수 없는 사람들이 불기둥에 매달려 신음하는 모습을 바라보면 서 깊은 상념에 빠져들었다. 그들의 잘못도 상당히 있지만 살아있 는 기독교인들의 잘못이 적지 않음도 사실이다.

이것은 내가 50년 전에 체험했던 영적 세계인데 지금은 그때보 다 자살자 수가 훨씬 늘어 세계 1위 수준이라는 것에 더욱 놀라움 을 감출 수가 없다. 기독교 인구가 큰 비중을 차지하는 우리나라에 서 자살자 수가 이렇게 많다는 것은 더욱 이상한 일이다. 특히 자 살자 중 기독교인들도 상당 부분 포함되어 있다는 것이 참으로 안 타까울 뿐이다.

자살은 안 된다. 하나님이 주신 생명을 끊으면 결국은 자기가 가해자가 되는 것이다. 남을 죽이면 죽인 자가 죄인인 것처럼......, 이 땅은 잠시 왔다가 가는 세상이다. 기대할 것도 믿을 것도 없는 세상이다. 세상에 소망을 두었다가 꿈이 좌절됐다고 낙심하지 말고 영원한 세계를 바라보았으면 좋겠다. 혹시 이 책을 읽는 분이 너무 괴로운 인생길을 가다가 낙심하여 생명을 끊으시려는 분이라면 생각을 바꾸길 진정으로 바란다.

이에 그 거지가 죽어 천사들에게 받들려 아브라함의 품에 들어가고 부자도 죽어 장사되매 저가 음부에서 고통 중에 눈을 들어 멀리 아브라함과 그의 품에 있는 나사로를 보고 불러 가로되 아버지 아브라함이여 나를 긍휼이 여기사 나사로를 보내어 그 손가락 끝에 물을 찍어 내 혀를 서늘하게 하소서 내가 이 불꽃 가운데서 고민하나이다(눅16:22-25).

창세 이후 지금까지 혀가 빠진 채 매달려 있는 자살자의 틈 사이를 지나가는데 저쪽 하늘에서 새떼가 날아오는 것이 아닌가? 텔레비전에서 하는 동물의 왕국을 보고 있는 느낌이었다. 그 새는 몸집이 까마귀보다는 큰데 눈이 날카롭고 무섭고, 발톱은 길게 뻗어있어 한번 움켜쥐면 절대 놓지 않을 것 같이 생겼으며, 주둥아리는 무쇠를 쪼아도 끄떡하지 않을 것만 같이 단단해 보였다.

처음엔 다른 지역으로 이동 중인 새들인 줄 알았는데, 좀 있으니 그 많은 새들이 자살한 자들의 눈을 파먹는 것이 아닌가? 한사람 앞에 새 한 마리씩 붙어 있었다. 눈을 쫄 때마다 눈을 감아버리지만 새들은 먼저 눈꺼풀을 공격하여 살점을 떼어낸 뒤 힘 들이지 않고 눈알을 파먹는 것이었다. 그러면 자살자들의 눈에서는 피눈물이 흘렀다.

그것만 있는 것이 아니었다. 눈에서 흐르는 피눈물이 고통 속에 몸부림치는 사람들의 땀과 섞여 축 늘어진 혓바닥에 닿으면 새들은 기다렸다는 듯이 혓바닥을 쪼아 뜯어먹는 것이었다. 새들은 눈알과 혓바닥을 다 먹어치우고는 어디론가 동시에 날아가 버렸다.

그 모습을 바라보고 있던 나는 견딜 수 없는 충격에 휩싸였다. 그런데 더 놀라운 것은 파 먹혔던 눈알과 혓바닥이 재생되는 것이었다. 다음에 날아오는 새들이 다시 같은 형식으로 파먹을 수 있게 새로 돋아나는 것이었다. 정말 이런 지옥은 다시는 보고 싶지 않았다.
"하나님 내 기도를 받아주소서! 내 영혼이 너무 고통스러워 견딜 수가 없습니다. 이제 더 이상 지옥을 보고 싶지 않습니다. 여기까지 경험한 것만으로도 충분하오니 이제는 이 고통의 세계가 보이지 않게 하소서"
이런 간절한 기도가 끝나자, 여태까지 나를 안내했던 천사가 나타나 말했다.
"고생 많았다."
"아닙니다."
"이런 경험이 있어야 다시는 오지 않으려고 할 것이 아니냐?

이제부터는 네가 말로만 듣던 '하늘 나라'를 보게 될 것이다."

"예."

귀가 번쩍 뜨였다. '하늘 나라'라니, 그 곳은 주님이 계신 나라가 아닌가? 그리고 눈에 넣어도 아프지 않을 여섯 자녀가 있는 곳이 아닌가? 나는 흥분으로 얼굴이 상기되었다. 혹여 천사에게 이런 속마음이 들킬까봐 감춰보려 했지만 천사는 이미 눈치를 챘는지 씩 하고 웃어 보이는 것이 아닌가? 어쨌든 하늘 나라에 간다는 것만으로도 신이 났다.

천사는 나의 손을 붙잡고 어디론가 갔다. 그런데 왠지 가는 길이 익숙한 느낌이 들었다. '아, 여기는⋯⋯?' 처음에 나타났던 그 기와 집이었다. 기와집 창문너머로 흰 옷을 입은 사람들이 찬송가를 부르며 힘들게 태산준령을 넘어가는 것이 보였다. 그 곳으로 다시 간 것이다.

천사가 말했다.

"네 모습을 보라."

나는 그 말이 무슨 뜻인지 몰랐다. 내 모습을 보라니 옷에 무엇이 묻었나 싶어 천사 말대로 내 모습을 쳐다보니 언제 입었는지 내가 '흰 옷'을 입고 있는 것이 아닌가. 매우 궁금했다. '언제 입은 거지?' 기억이 안 났다. 분명 지옥을 다닐 때만해도 입고 있지 않았다.

그에게 허락하사 빛나고 깨끗한 세마포를 입게 하셨은 즉 이 세마포는 성도들의 옳은 행실이로다 하더라(계19:8).

흰 옷을 입었더니 얼마나 상쾌하고 기분이 좋은지 이런 기분이 처음이었다. 세상에서도 좋은 옷을 입으면 기분도 덩달아 좋아지는데 주님께서 하사한 '하늘 나라'의 옷을 입으니 꼭 하늘로 날아갈 것 같은 생각이 든다. 지옥은 옷이 없는 나라요 하늘 나라는 옷이 있는 나라이다. 지옥은 옷 없이 다니지만 하늘 나라는 옷 없이는 다닐 수 없는 곳이다.

종들이 길에 나가 악한 자나 선한 자나 만나는 대로 모두 데려오니 혼인자리에 손이 가득한지라 임금이 손을 보러 들어올 때 거기서 예복을 입지 않은 한사람을 보고 가로되 친구여 어찌하여 예복을 입지 않고 여기 들어왔느냐 하니 저가 유구무언이어늘 임금이 사환들에게 말하되 그 수족을 결박하여 바깥 어두움에 내어던져라 거기서 슬피울며 이를 갊이 있으리라 하니라(마22:10-13).

4장 빛의 세계

• 흰 옷 입고 태산준령을 넘어가다

나는 세마포 흰 옷을 이리보고 저리 보면서 어린시절 추석과 설날에 부모님이 새로 구해주신 옷을 입고 동네방네 자랑하던 때가 생각났다. "세마포 없이는 하늘 나라에 들어갈 수 없다"는 천사의 말을 명심하며 옷이 더러워질까 조심스러워졌다.

이제 기와집의 다른 문이 천사의 손을 통해 열리자 바로 좁은길로 연결되어 있었다. 역시 좁은길이라 가는 사람들은 적었다.

좁은 문으로 들어가라 멸망으로 인도하는 문은 크고 길이 넓어 그리로 들어가는 자가 많고 생명으로 인도하는 문은 좁고 길이 협착하여 찾는 이가 적음이니라(마 7:13-14).

나도 좁은길 가는 사람들과 합세하여 걷기 시작했다. 걸으면서도 이상한 것은 이 길이 생명의 길인데 사람들은 왜 이 길을 찾지 못하고 '큰길', '편한길'만 선호하는지 그것이 궁금하고 이상했다. 그래서 옆의 천사에게 왜 사람들이 이 '생명길'을 보지 못하느냐고 물어보았다. 천사가 대답하기를 "이 길은 아무에게나 보이는 길이 아니란다. 또 아무나 찾을 수 있는 길도 아니란다. 하나님의 뜻과 섭리가 없으면 결단코 찾을 수 없단다."

"그럼 제가 이 좁은길을 찾은 것이 아니네요?"

"그렇지, 네가 찾은 길이 아니란다. 네 아버지도 어머니도 못 찾은 길이란다."

"그렇군요, 저는 어떻게 생명의 길을 찾게 되었나요?"

"정말 그걸 모르겠느냐? 전적으로 하나님의 은혜이지, 너 스스로는 하나님을 찾을 수도 만날 수도 없단다. 하나님께서 특별히 너를 사랑하셔서 만나주시고 축복해 주시고 좁은길을 찾게 해주신 것이다."

"그럼 언제부터 나를 사랑해 주시고 선택해 주시고 또 이 길을 가도록 되어 있었나요?"

"그것은 바울사도가 갈라디아서 1장 15절에서 '내 어머니의 태로부터 나를 택정하시고 은혜로 나를 부르신 이가'라고 했던 것처럼 네 어머니의 태로부터 택정하시고 은혜로 너를 불렀단다."

"정말 주님의 은혜가 고마울 따름입니다."

"그것뿐 아니란다. 바울사도가 더 깊이 말씀한 것이 있는데, 에베소서 1장 4-5절의 말씀이란다. 한번 들어보겠느냐?"

"네, 잘 듣고 깊이 명심하겠습니다."

그리고 천사는 또박또박 성경 말씀을 읽기 시작했다.

"곧 창세전에 그리스도 안에서 우리를 택하사 우리로 사랑 안에서 그 앞에 거룩하고 흠이 없게 하시려고 그 기쁘신 뜻대로 우리를 예정하사 예수 그리스도로 말미암아 자기의 아들들이 되게 하셨으니" 이렇게 천사가 성경 말씀을 읽어줄 때 나의 가슴은 은혜로움의 감격으로 흐르는 눈물을 어찌할 바 몰랐다. '그렇구나, 내가 하나님을 찾은 것도 아니고 생명의 길을 찾는 것도 아니었구나, 정말 하나님의 은혜가 아니었다면 좀 전의 지옥의 불바다에 있었겠구나!' 라는 생각을 했던 것이다.

주변을 둘러보니 창세전에 이미 예정된 구원의 백성들이 땀을 뻘뻘 흘리며 돌짝밭 사이를 헤쳐 가며 무거운 발걸음을 내딛고 있었다. 한 손으로 흐르는 땀방울을 훔치며 고개를 오르는데, 또 이상한 것은 이들 모두가 한시도 뒤를 돌아보지 않고 앞만 보고 가는 것이었다.

내가 이미 얻었다 함도 아니요 온전히 이루었다 함도 아니라 오직 내가 그리스도 예수께 잡힌바 된 그것을 잡으려고 좇아가노라. 형제들아 나는 아직 내가 잡은 줄로 여기지 아니하고 오직 한 일 즉 뒤에 있는 것은 잊어버리고 앞에 있는 것을 잡으려고 푯대를 향하여 그리스도 예수 안에서 하나님이 위에서 부르신 부름의 상을 위하여 좇아가노라(빌3:12-14).

롯의 아내는 뒤를 돌아본 고로 소금 기둥이 되었더라(창19:26).

천사가 하는 말이 "소돔성에서 롯과 그의 아내 그리고 두 딸이 탈출 할 때에 분명히 '돌아보거나 들에 머무르거나 하지 말고 산으로 도망하라'고 했는데(창19:17), 롯의 아내는 뒤를 돌아본 고로 소금 기둥이 되었고, 또한 바울사도는 세상에 살 때 오직 앞만 보고 달렸단다. 그리고 네 앞과 또 더 높은 곳에서 힘들게 산을 넘는 사람들도 결코 뒤를 돌아보지 않고 '주님을 푯대'삼아 산을 오르는 중이란다."

천사의 말에 나는 두손을 불끈 쥐며 결단코 나는 세상을 돌아보지 아니할 것이요, 주님만을 바라보리라고 다짐하고 또 다짐했다.

　　내가 산을 향하여 눈을 들리라 나의 도움이 어디서 올꼬 나의 도움이 천지를 지으신 여호와에게서로다(시121:1-2).

땀을 뻘뻘 흘리며 올라가는데 간간이 산위에서 부는 바람 때문에 참을 수 있었고 그들의 얼굴들은 험산준령을 넘기에 짜증스러운 얼굴로 변했으리라 생각이 들겠지만 하나같이 가슴 속 깊은 곳에 '감사'가 있는 사람들이었다. 즉, 이 감사가 얼굴로 올라오자 얼굴은 해같이 빛나는 것이었다.

내가 궁금했던 것은 '어떻게 힘든 산을 끝까지 오를 것인가?'였는데 의문이 풀리는 사건을 발견했다. 중간쯤에서 어느 성도가 힘들어 쓰러지려고 하자 갑자기 하늘로부터 '만나'가 내리더니 그 입속으로 '쏙' 들어가는 것이다. 그때 성도는 '언제 그랬더냐'는 듯 척척 걸으며 또 다시 전진하는 것이 아닌가?

그때 깊이 깨달았다. 이 험산준령도 나 혼자 애쓰고 스스로 넘는 산인 줄 알았는데, 이 걷는 과정 시작부터 끝까지가 모두 하나님의 도우심이라는 것이다. 그래서 항상 기뻐해야 하고 쉬지 말고 기도해야 하고 범사에 감사해야 한다는 사실을 다시금 알게 된 것이다(살전5:16-18).

그런데 걷는 길 양옆으로 나무들이 바람에 흔들리며 찬양을 하는 것이었다. 그것이 참 신기했다. 세상에서도 바람이 불면 나뭇가지가 흔들리는 것이 당연한 것인 줄만 알았다.

산들과 모든 작은 산과 과목과 모든 백향목이며 짐승과 모든 가축과 기는 것과 나는 새며 세상의 왕들과 모든 백성과 방백과 땅의 모든 사사며 청년남자와 처녀와 노인과 아이들아 다 여호와의 이름을 찬양할지어다. 그 이름이 홀로 높으시며 그 영광이 천지에 뛰어나심이로다(시148:9-13).

이처럼 나뭇가지들이 바람에 흔들리면서 하나님을 찬양하는 것을 보며 이 땅의 모든 만물들이 하나님을 찬양하도록 만들어진 것을 알았다. 하물며 저런 산천초목도 주를 찬양하는데 하나님의 형상으로 지음 받은 우리 인생들이 하나님을 찬양하지 못하고 세상의 것을 찬양하며 숭배하며 살아가는 것을 생각할 때 안타까운 마음이 들었다.

흰 옷 입은 성도들과 같이 힘들게 산 정상에 오르게 됐다. 세상의 등산가들이 산 정상에 오를 때 '정복'하는 그 뿌듯함으로 산을 오른다고 하는 소리를 많이 들어왔다. 나도 보은 가는 길이 너무 멀어 구병산을 넘어 갈 때가 있었는데, 876m나 되는 구병산을 오를 때마다 뭔지 모를 '승리감' 같은 것이 마음속에서 솟아나곤 했다.

산 정상에 오르니 더욱 시원한 바람이 불면서 지쳤던 육체와 영혼이 시원해짐을 느끼며 알 수 없는 만족감이 찾아드는 것이다.

내 영혼을 소생시키시고 자기 이름을 위하여 의의 길로 인도하시는도다(시23:3).

여호와여 주의 장막에 머무를 자 누구오며 주의 성산에 사는 자 누구오리까 정직하게 행하며 공의를 실천하며 그의 마음에 진실을 말하며(시15:1–2).

• 예루살렘성에 도착한 김상호

산 정상 건너편에 보니 눈뜨고는 보기 힘들 정도로 강렬한 빛이 쏟아지는 '황금성'이 보였다. '아니 이렇게 깊은 산중 높은 곳에 어떻게 저런 게 있지?' 하고 어리둥절해 하며 손으로 빛을 가리고 쳐다보고 있는데, 앞서 간 성도들이 그 성 쪽으로 가는 것이 보였고 순간 마음의 안도감이 느껴졌다.

황금성과 내가 서 있는 산 사이에는 긴 다리가 하나 있었고, 그 밑으로는 강이 하나 흐르고 있었는데 천사는 그것을 '요단강'이라 부른다고 알려주었다. 나는 새로운 세계를 향하여 다리를 건너가고 있었다.

가슴이 두근대고 흥분된 채 걷고 있는데 그 위로 아주 큰 글씨가 써져 있는 것이 보였다. '예수께서 가라사대 내가 곧 길이요 진리요 생명이니 나로 말미암지 않고는 아버지께로 올 자가 없느니라.(요 14:6)' 나는 이 말씀을 낭송하며 그 긴 다리를 걷고 있었다.

'그렇지 예수님이 바로 우리 인생의 길과 진리와 생명이 되시지, 맞아! 그리고 오직 예수님을 통해서만 아버지 나라에 갈 수 있는 것이지, 지금까지 세상에 얼마나 많은 거짓 그리스도가 나타나 자신을 증거하였던가?'

이때 옆에 있던 천사가 재차 강조하기를 "예수님 없이는 하늘 나라에 올 사람이 없단다."

나는 천사의 말에 고개를 끄덕이며 "옳은 말씀" 이라고 대답했다. 그는 이어서 사도행전 4장 12절의 말씀을 들려주시는 것이다. "다른 이로서는 구원을 얻을 수 없나니 천하 인간에 구원을 얻을 만한 다른 이름을 우리에게 주신 일이 없음이니라 하였더라."

이제 다리를 건넜고 휘황찬란한 황금빛이 비추이는 성 앞에 도달하여 광채 앞에 정신을 차리지 못하고 있을 때 천사가 이렇게 말하는 것이었다.

"왜, 눈이 부시냐?"

"네, 그리고 너무 황홀합니다."

"그래, 이 하늘 나라는 '황금성' 뿐만 아니고 모든 것이 빛이 난단다. 이곳은 빛의 세계이지."

"네~에"

"그리고 이곳은 태양과 달이 없단다."

깜짝 놀란 나는 '그러면 어떻게 밤에 움직일 수 있다는 말인가?'

라는 생각을 했다. 내 마음을 알아차린 천사가 웃으며 말했다.

"요한계시록 21장 23절에 보면 '그 성은 해나 달의 비췸이 쓸데없으니 이는 하나님의 영광이 비취고 어린양이 그 등이 되심이라'라고 했다."

나는 하나님의 말씀을 들으니 그제서야 이해가 되었다.

황금문 앞을 바라보니 12명의 천사가 그 문을 지키고 있었다. 천사는 나에게 성문 위를 쳐다보라고 했다. 빛나는 성문 위를 가까스로 쳐다보니 거기에는 이렇게 써져 있었다.

'예루살렘성'

얼마나 반가운 이름인가? 세상에 있을 때에도 찬송가에 이 성의 이름이 많이 등장했고 전도사님 설교 중에도 이 성이 여러 번 언급되곤 했다.

예루살렘 금성아 복 가득 하도다 내 너를 생각할 때 마음이 기쁘다 비할 데 없는 복과 그 빛난 광채와 나 받을 모든 기쁨 다 측량 못하리((통)찬송가 538장).

천사가 내게 이렇게 말했다.

"네 손으로 대문을 밀어보아라."

"네"

그러나 그 육중한 문은 아무리 밀어도 꼼짝도 하지 않는 것이었다. 그래도 다시 힘을 내어 밀어보았지만 마찬가지였다. 세 번, 네 번 시도해도 그 대문은 움직일 줄 몰랐다. 나는 이 문을 통과하지 못하면 '모든 것이 끝이다'라는 마음으로 갖은 애를 써보았지만 모두 허사였다.

나는 왠지 모르는 슬픔으로 그 자리에 주저 앉아 울었고, 그때 천사가 다가왔다.

"김상호!"

"네"

나는 슬픈 얼굴을 들었다.

"무엇이 슬퍼 그리 우는 것이냐?"

"이 대문을 열어 보라고 하셔서, 갖은 애를 다 쓰는데 꼼짝도 안 하기에 울었습니다."

"그래? 이 문은 '믿음의 문'이란다."

"믿음의 문……이라고요"

"그렇지 믿음 있는 사람이 이 대문 앞에 서게 되면 알아서 열리는 자동문이다. 그러나 믿음 없는 사람이 와서 열려고 하면 아무리 애써도 문은 꼼짝도 하지 않는단다."

"그럼 지금 이문이 안 열리는 것은 제가 믿음이 없기 때문이군요?"

"그렇지."

"그럼 어떡해야 합니까?"

"네가 이 문을 통과할 수 있는 것은 네 힘과 네 공로로는 부족하다. 오직 예수님의 공로가 있어야만이 통과할 수 있는 것이다."

천사는 계속 말했다.

"성문을 붙잡고 이렇게 기도하라. 하나님! 나는 힘이 없어요, 나는 들어갈 힘이 없어요, 문을 열 힘이 없습니다. 주님, 도와주세요!"

이렇게 천사의 말대로 간절히 부르짖었다. 그런데 이 기도가 끝나자마자 그 육중한 대문이 '스르륵'하고 열리는 것이다.

너희가 그 은혜로 인하여 믿음으로 말미암아 구원을 얻었나니 이것이 너희에게서 난 것이 아니요 하나님의 선물이라(엡2:8).

나는 그제야 진리 하나를 깨달았다. 내게 있던 그 '믿음'도 내게서 발생한 것이 아니고 하나님께로 부터 왔다는 사실이다. 그리고 이러한 주님의 은혜에 더욱 감격해했다. 내 앞에 펼쳐진 이 아름다운 성은 마치 고대 유럽의 성과 같이 황금 빛이 사방으로 비취는 품위 있고 격조 높은 성이었다.

이기는 자는 내 하나님 성전에 기둥이 되게 하리니 그가 결코 다시 나가지 아니하리라 내가 하나님의 이름과 하나님의 성 곧 하늘에서 내 하나님께로부터 내려오는 새 예루살렘의 이름과 나의 새 이름을 그이 위에 기록하리라(계3:12).
또 내가 보매 거룩한 성 새 예루살렘이 하나님께로부터 하늘에서 내려오니 그 예비한 것이 신부가 남편을 위하여 단장한 것 같더라(계21:2).

성령으로 나를 데리고 크고 높은 산으로 올라가 하나님께로부터 하늘에서 내려오는 거룩한 성 예수살렘을 보이니(계21:10).

• 하늘 나라에서 다시 만난 여섯 자녀

육중한 대문 사이로 빛이 쏟아져 나오는데 마치 빛이 살아 움직이고 있었고 얼마나 강렬한 빛인지, '눈이 멀어버릴 뻔 했다.'

다메섹 도상에서 바울사도가 사도행전 22장11절에 "나는 그 빛의 광채를 인하여 볼 수 없게 되었으므로 나와 함께 있는 사람들의 손에 끌려 다메섹에 들어갔노라"고 했다. 아마 이런 '빛'이 아니었겠나 짐작이 된다. 그러나 분명한 것은 세상의 빛이 아닌 하늘 나라의'빛'이었던 것이다.

이 빛이 내 눈에 닿을 때, 그리고 온몸에 닿을 때 내 몸은 새로운 힘이 오는 것이었다. 조금 걷다보니 아까 흰 옷 입은 성도들이 먼저 와 있었고 수많은 인파로 인해 그곳이 북적북적 그랬다. 아마 전 세계에서 구원받은 사람들인 것 같았다.

"김상호 성도님, 예루살렘성 입성을 환영합니다."

수십 만의 흰 옷 입은 사람들의 환영소리에 나는 어안이 벙벙했다. 산골마을의 일개의 평신도에 불과한 나의 이름을 어떻게 기억하는 것이며, 내가 한 일이 무엇이 있다고 이렇게 환영한다는 말인가? 자신을 돌아보니 주님 앞에서 한 일이 없어 미안해 하며 머리 숙여 있을 때 누군가가 앞으로 뛰어오는 것이었다. 한명도 아니고 여섯 명인데 어디서 많이 본 듯한 얼굴들이었다.

'아니 저 애들이 누구인가? 나의 자식들이 아닌가?' 꿈에도 잊지 못할 내 아이들, 그 아이들이 먼저 나를 발견하고는 동시에 반갑게 뛰어오는 것이었다. 이 기쁨을 무엇으로 형용할 수 있다는 말인가? 아마 죽었다 깨어나도 이런 기쁨은 다시 없을 것이다.

나의 자녀들이 뛰어오는 길은 맑은 유리 같은 '정금의 길'이었다 (계21:21).
"아버지!"
"그래!"
큰 딸이 먼저 내게 안겼고, 차례로 막내까지 안겼다. 아무리 울음을 멈추려 해도 그쳐지지 않았다. 이들이 한명씩 내 곁을 떠날 때 얼마나 많은 애통의 눈물을 흘렸던가? 그러나 지금 흘리는 것은 그때처럼 슬픔의 눈물이 아니라 기쁨의 눈물이었다.

모든 눈물을 그 눈에서 씻기시매 다시 사망이 없고 애통하는 것이나 곡하는 것이나 아픈 것이 다시 있지 아니하리니 처음 것들이 다 지나갔음이러라(계21:4).

"아버지 하늘 나라는 눈물도 고통도 슬픔도 없는 참 좋은 나라에요."

"그래, 너희들을 보니 얼마나 기쁜지 모르겠다."

그때서야 세상에서 죽은 자식에 대한 슬픔이 다 사라지고 말았다. 아이들과 함께 유리바다 위를 걸어가는데 그 밑으로 세상에서는 볼 수 없는 아름다운 고기들이 떼를 지어 노닐고 있었다.

내 마음은 기쁨과 희락으로 가득찼다.

무릇 시온에서 슬퍼하는 자에게 화관을 주어 그 재를 대신하여 희락의 기름으로 그 슬픔을 대신하며 찬송의 옷으로 그 근심을 대신하시고 그들로 의의나무 곧 여호와의 심으신 그 영광을 나타낼자라 일컬음을 얻게 하려 하심이니라(사61:3).

• 생명수 강가에서 과일을 대접받다

나는 자녀들과 천사의 손을 잡고 걸어가고 있는데 마침내 강이 하나 나타났기에 천사에게 물었다.

"이 강은 무슨 강입니까?" 그때 천사는 친절하게 말했다.

"생명수 강이란다."

"그 유명한 생명수 강이군요."

"어떻게 네가 이 강 이름을 알지?"

"신약성경 요한계시록에 나타나는 강이잖아요.(계22:1)"

"그렇지."

천사는 아주 만족한 듯한 표정으로 나를 바라보았다.

우리 성도들은 훗날 생명수 강가에 모여 지난날 세상에서 힘들었던 일 좋았던 일들을 말할 날들이 올 것이다. 그때까지 우리는 선한 싸움을 싸워야 할 것이다.

또 그가 수정같이 맑은 생명수의 강을 내게 보이니 하나님과 및 어린양의 보좌로 강 좌우에 보니 나무가 있었다. 그래서 천사에게 물어보았다.

"나무의 이름이 무엇인지요?"

"생명나무라고 하지."

"생명나무요?"

"그래 생명나무, 이 나무는 열두 가지 열매를 맺는데 달마다 그 열매를 맺는단다.(계22:2)"

"아, 참으로 신기한 나무이군요. 이 열매를 우리도 먹어볼 수 있나요?"

"물론이지."

"한번 먹고 싶어요. 세상에 살 때도 산골짝에 살아서 과일을 잘 먹어보지 못했거든요."

내 입은 벌써 '쩝쩝'하며 입맛을 다시고 있었다.

천사가 여러 과일 중 배보다 좀 더 큰 황금 빛깔을 띠는 과일 하나를 건네주어, 입으로 '콱' 베어 물었는데 세상에서 이렇게 맛있는 과일은 눈으로 본 적도, 먹어본 적도 없었다. 이 특별한 향과 맛은 정말 형언할 수 없을 정도였다. 한 마디로 환상적이었다.

부족하나마 굳이 표현하자면 입안에서 살살 녹아 온몸이 시원해지면서 아랫배로부터 강력한 기쁨과 웃음, 희열이 동시에 솟구쳐 올랐다.

그때 아기천사가 황금 대접에 무엇인가 담아가지고 왔다.

"한번 마셔볼래요?"

나는 고개를 끄덕이며 그 물을 단숨에 들이켰다. 아니 이렇게 시원할 수가 있을까? 세상에서 당하던 시련과 고통이 '물' 한 사발에 전부 해소되는 느낌이었다. 그래서 옆에 길 안내하던 천사에게 어떤 물인데 이렇게 시원할 수가 있느냐고 물었다.

"이 물은 어떤 물인가요?"

"이 물은 생명수 물이란다."

"그랬군요, 그래서 제가 새 힘이 솟아났군요?"

"그렇단다."

이때에 큰딸이 내게 말하는 것이다.

"아버지, 우리 같이 살아요! 이렇게 좋은 나라가 없어요. 여기서는 먹지 않아도 배가 안 고프고, 아픔도 없고 이별도 없어요. 이곳에서 아버지와 함께 살고 싶어요."

우리 모두는 손에 손을 잡고 생명수 강 길을 따라가고 있는데 흰옷을 입은 천사들이 포도 같은 과일을 대접에 담아 와서 입에다 넣어주는데 얼마나 달고 시원한지 몸의 피로가 다 사라지는 것이다. 세상의 과일을 먹으면 배가 부르지만 하늘 나라의 과일은 먹어도 배가 부르지 않는 것이 특징이고 세상에서는 배가 고파 먹지만 이곳은 오직 즐거움을 위해서 먹는 것이다.

• 예수님 앞에선 김상호

그때 흰 옷을 입은 열두 명의 천사가 나타나더니 나를 데리고 주님 앞에 가는 것이다. 세상에 살 때 그렇게도 예수님을 뵙기를 소망했는데 이제야 뵐 수 있게 된 것이다. 어떻게 생기셨을까? 주님 보좌에 가까이 다가갈수록 가슴은 어린아이처럼 '콩당콩당' 뛰기 시작했다.

얼마쯤 걸었을까? 다들 멈춰선 것을 보니 거의 다 온 것 같았다. 높은 보좌가 보이는데 아마 주님의 보좌 같았다. 언뜻 보기로 주님은 보좌에 앉은 채 머리에 황금 면류관을 쓰고 계시고, 땅까지 끌리는 긴 옷을 입고 계셨으며, 목에는 황금 보석이 박힌 목걸이를 걸고, 허리에는 황금벨트를 차고 발에는 황금신발을 신고 계셨다.

주님의 모습은 너무나 빛이 나 눈으로 쳐다보기 힘들었을 뿐 아니라, 그 앞에 서니 두려움과 무서움이 엄습해 서있기조차 힘들었다, 그래서 나도 모르게 바닥에 엎드려 고개를 숙이게 되었다. 꼭 관가에 끌려온 죄인의 모습과 같았다. 눈에 보이진 않았지만 나를 향해 걸어오는 발자국 소리를 들을 수 있었다.

내가 곧 성령에 감동하였더니 보라 하늘에 보좌를 베풀었고 그 보좌위에 앉으신 이가 있는데 앉으신 이의 모양이 벽옥과 홍보석 같고 또 무지개가 있어 보좌에 둘렸는데 그 모양이 녹보석 같더라 또 보좌에 둘려 이십사 보좌들이 있고 그 보좌들 위에 이십사 장로들이 흰 옷을 입고 머리에 금 면류관을 쓰고 앉았더라(계4:2-4).

누군가가 나의 어깨를 감싸는 포근함을 느끼는 동시에 아주 부드러운 음성, 즉 맑은 샘물이 흐르는 것 같이 말씀하시는 것이었다.

"고생 많이 했다."

"아닙니다." 너무나 황송해 하며 대답했다.

"내가 너를 사랑하노라."

이때 어디서부터 솟아나는 것인지는 모르겠으나 끝없이 눈물이 나와 그치지 않는 것이다. 이러고 있는데 주님께서 나의 눈물을 씻어주셨다.

"너희 자녀들을 만나보았느냐?"

"네"

"너의 슬픔은 이제 사라졌으며 이렇게 좋은 나라에 살고 있단다."

"주님 정말 고맙습니다."

"내가 너를 수십 억의 많고 많은 사람 중에서 불러 주었단다. 그리고 내가 너를 선택해 나의 자녀가 되게 하였다."(엡1:4).

"네 정말 고맙습니다. 이 은혜를 무엇으로 보답해야 하는지요."

"세상에 나가거든 땅 끝까지 이르러 나의 증인이 되어야 하고 꼭 네 마을에 하나님의 성전을 지어서 많은 영혼을 구원하거라."

"네, 주님, 내 생명 바쳐 주님의 말씀을 따르겠습니다."

"꼭 그렇게 하거라"

예수 그리스도의 종 바울은 사도로 부르심을 받아 하나님의 복음을 위하여 택정함을 입었으니(롬1:1).

누가 능히 하나님의 택하신 자들을 송사하리요 의롭다 하신 이는 하나님이시니(롬 8:33).

주님의 넓은 가슴은 나와 내 육남매를 한 번에 안아주셨다. 그 품은 얼마나 포근한지 마치 솜사탕같이 달콤하고 포근했다. 예수님은 나에게

"네 자녀들과 하늘 나라를 잘 구경하고 내려가거라."

"네"

나는 주님께 정중히 인사를 드리고 밖으로 나왔다.

•기둥만 박혀 있는 하늘 나라 나의 집

천사가 입을 열었다.

"성도님, 지금 가고 싶은 곳은 있습니까?"

"제가 뭘 알아야 말씀을 드릴 수 있지요. 제가 하늘 나라는 처음 방문한 터라 잘 몰라서요."

"그렇지요, 그런데 생각나는 곳이 한 곳 있습니다."

"어딘데요?"

"김상호 성도님, 하늘 나라 집 방문하는 것이 어때요?"

순간 멈칫해졌다. 하늘 나라의 나의 집이라니, 예수님께서 하셨던 말씀이 아니던가?

너희는 마음에 근심하지 말라 하나님을 믿으니 또 나를 믿으라 내 아버지 집에 거할 곳이 많도다 그렇지 않으면 너희에게 일렀으리라 내가 너희를 위하여 처소를 예비하러 가노니 가서 너희를 위하여 처소를 예비하면 내가 다시 와서 너희를 내게로 영접하여 나 있는 곳에 너희도 있게 하리라(요14:1-3).

나는 '나의 집'을 상상을 하며 걸었다.

"김상호 성도님!"

"네"

"집이 어떻게 생겼나 궁금하세요?"

"예. 조금은요."

"이제 다 왔습니다."

천사의 말이 떨어지자마자 내 앞에 상상했던 집이 펼쳐지는데 보통 실망스러운 것이 아니었다. 왜냐면 근사한 집 대신 집터에 기둥만 네 개 박혀 있는 상태였기 때문이다. 그래도 혹시나 했는데 그것은 참이었다.

"어떻게 하면 집을 지을 수가 있나요?"

"집이요?"

"예."

천사가 하는 말이

"세상에서 열심히 전도하고 봉사하고 헌금하고 십일조하고, 구제하고 선교하면 재료가 올라와서 집이 지어지는 것이지요."

"아, 그렇군요!"

나는 그때 세상에 돌아가면 하나님께 충성하고 열심히 봉사하여 다음에 오게 될 때는 이런 부끄러움을 당하지 않으리라는 굳은 결심을 하게 됐다.

또 누구든지 제자의 이름으로 이 소자 중 하나에게 냉수 한 그릇이라도 주는 자는 내가 진실로 너희에게 이르노니 그 사람이 결단코 상을 잃지 아니하리라 하시니라(마 10:42).

너희 소유를 팔아 구제하여 낡아지지 아니하는 주머니를 만들라 곧 하늘에 둔바 다함이 없는 보물이니 거기는 도적도 가까이 하는 일도 없고 좀도 먹는 일이 없느니 라(눅12:33).

•구멍 뚫린 양말 열 켤레와 쌀가마니 열 장

이제 천사는 다른 곳을 구경하자고 했다.

"이번에는 어디로 안내하시는 건가요?"

"구제와 선행창고'로 갑니다."

"뭐라고요, 그런 곳도 있습니까?"

"그럼요. 하늘 나라는 빈틈이 없는 나라입니다."

나의 구제와 선행창고 옆을 지나는데, 서울의 어느 장로님이 죽어 이곳에 온 것을 엿볼 수 있었다. 얼마나 창고 안이 가득하게 찼는지, 이곳에서 이 장로님의 일생은 선행과 구제로 타의 모범이 되고 있었다. 이제 나의 창고를 열 차례가 됐다. 그래도 기대는 좀 가지고 있었건만. 문이 '스르륵' 열리면서 창고 안을 보는데 보여야 할 것들이 보이지 않는 것이다.

무언가 잘못 보았겠지 하는 맘에 눈을 다시 한 번 비벼보았다. 그러고 자세히 보니 보이는 것이 있는 듯하여 순간 반갑고 고마웠다. 그러나 그것도 한 순간…, '구멍 뚫린 양말 열 켤레와 쌀가마니 열

장'이 있는 것이다. 그것이 지금까지 내가 했던 남을 위한 선행과 구제의 결과였다. 나는 너무나 창피하여 고개를 들 수 없었다.

양말과 가마니에 대한 사연은 이랬다. 딸을 데리고 교회를 갔는데 옆자리 성도님 딸이 양말을 못 신고 있는 것을 보고 내 딸의 양말을 벗겨 그 아이에게 준 것이고, 가마니는 어느 추운 겨울날 빈 가마니 다섯 장 정도를 지고 집으로 가는데 다리 밑에 거지가 벌벌 떨고 있기에 가마니 한 장 던져 주었는데 하늘 나라에서 10장으로 변한 것이다.

나는 이런 상황 앞에 너무 부끄러워 쥐구멍이라도 있으면 들어가야 할 심정이었다. 천사가 말했다.
"이제 양말 한 켤레와 가마니 한 장을 가지고 나를 따르라."
"네? 어디를 가려고요?"
"갈 데가 있다."
천사의 말에 순종하여 부끄러워하며 들고 걸었다. 그런데 이런, 여기는 주님이 계시는 곳이 아닌가? 더욱 놀라며 안절부절 못하는데 주님께서 말씀하셨다.
"하늘 나라는 예수를 믿음으로 오지만 행함으로 상급을 받는단다. 다음에 내 앞에 설 때에는 이런 모습이 되면 안 된다."
그 위엄 있으신 주님 말씀에 어찌할 줄 모르며 "예"하고 엎드렸다.
다시 하시는 말씀이

"세상에 가거든 열심히 충성 봉사하다가 내 앞에 오너라."

"네, 알겠습니다."

나는 마치 전쟁터에 나가기 전 왕 앞에 부복한 장수처럼 그 앞에서 결의를 다짐했던 것이다. 50년 전의 내 개인적 영적 체험이었지만 그때의 충격으로 80이 된 이때에도 양복을 사 입지 않았으며 양로원과 구제와 봉사 교회 짓는데 모든 물질을 드렸다.

욥바에 다비다라 하는 여 제자가 있으니 그 이름을 번역하면 도르가라 선행과 구제하는 일이 심히 많더니(행9:36).

• 왕 중의 왕 다윗왕을 만나다

천사와 같이 다른 곳으로 가고 있는데 큰 과일밭을 지나게 됐다. 그런데 이곳 과일밭의 특징은 모든 과일들이 '빛'이 난다는 사실이다. 깨달은 사실 하나는 하늘 나라는 빛의 세계라는 것이다.

주의 말씀은 내발의 등이요 내길에 빛이니이다(시119:105).

다시 밤이 없겠고 등불과 햇빛이 쓸 데 없으니 이는 주 하나님이 저희에게 비취심이라 저희가 세세토록 왕 노릇 하리로다(계22:5).

이 과일밭을 보면서 우리의 조상이 살았던 에덴동산이 생각났다. 우리 인류가 타락하기 이전에 살던 그곳, 거기에는 하나님께서 사람들에게 먹게 해주려고 동산에 각종 열매를 두셨지만 선악과를 먹는 바람에 타락하고 말았다(창3:6-19).

여호와 하나님이 동방의 에덴에 동산을 창설하시고 그 지으신 사람을 거기 두시고 여호와 하나님이 그 땅에서 보기에 아름답고 먹기에 좋은 나무가 나게 하시니 동산 가운데에는 생명나무와 선악을 알게 하는 나무도 있더라(창2:8-9).

하늘 나라 과일밭을 모델삼아 에덴동산의 과일을 만들지 않았을까? 혼자 생각하고 있는데 어디서 나타났는지 아기천사들이 날아와 입에 과일을 넣어주고 가는 것이다. 이 나라는 누가 먼저랄 것도 없이 서로 희생하고 봉사하는 것이 일이다. 이름 모를 과일이 입안에서 녹기 시작하여 배까지 내려가자 그 달콤함과 시원함에 기쁨이 샘솟는 듯했다.

이 땅에서는 이런 과일을 본 적도 먹어본 적도 없었다. 그런데 재미있는 것은 내가 마음속으로 저 과일이 먹고 싶다 하면 어떻게 알고 천사가 그 과일을 따서 입에다 넣어주는 것이다. 아마 하늘 나라는 서로의 생각을 감출 수 없는 아니, 서로의 생각을 알아채는 세계이리라.

저쪽 앞을 바라보는데 머리에는 황금 면류관과 몸에는 왕복을 입으신 분이 나타나셨다. 또한 그 광채로 인하여 쳐다보기가 힘들었다.
"누구신가요?"
"나말이냐?"
"네, 예수님은 아니신 것 같고요."
"나는 이스라엘의 2대왕 다윗이란다."
"그 유명한 다윗왕이요? 물맷돌로 골리앗을 쳐 죽인 장수, 그 장수가 맞지요?"
"허허, 그렇다니까?"

"어떻게 제가 훌륭한 다윗왕을 만나게 되었을까요?"

"이 모든 것이 주님의 은혜이지, 하늘 나라에 입성하게 됨을 진심으로 축하한다."

이러면서 나를 꼭 껴안아주셨다. 그러면서 할 말이 있으신지 손가락으로 다른 곳을 지시하고 계셨다. 그래서 그 쪽을 응시하고 있는데 그 곳에는 빛바랜 왕복을 입고 있는 초라한 '왕'이 서 있었다.

"너는 저 왕이 누구인지 아느냐?"

"모르겠습니다. 행색이 너무 초라하고 얼굴도 희미하게 보입니다."

"그렇다면 내 뒤를 이은 왕이라면 누군지 알겠느냐?"

"네, 알지요, 총명하고 지혜롭기로 유명해 먼 나라에서도 그 지혜를 들으려 찾아온다는(왕상4:34) 솔로몬 왕이 아닙니까?"

"그렇다."

"그런데 행색이 왜 저렇게 초라한 것입니까?"

"왕일 때 이미 그 영광을 다 받았기에 하늘에서는 상급 없이 저 지경이 되었단다."

그러므로 내가 네게 지혜와 지식을 주고 부와 재물과 존영도 주리니 너의 전의 왕들이 이 같음이 너의 후에도 이 같음이 없으리라(대하 1:12).

백합화를 생각하여 보아라 실도 만들지 않고 짜지도 아니 하느니라 그러나 내가 너희에게 말하노니 솔로몬의 모든 영광으로도 입은 것이 이 꽃 하나만 같지 못하였느니라(눅 12:27).

위에 적혀 있는 두 성경 말씀은 정말 비교가 되는 말씀이다. 솔로
몬의 지혜와 총명은 그 당시 어떤 사람들보다도 뛰어났고, 부귀영
화의 상징으로도 그를 빼놓을 수 없다. 그런데 누가복음 12장 27절
의 말씀은 그 모든 부귀영화가 백합 한 송이보다 못함은 과연 무엇
을 의미하는 것일까? 나는 깊은 생각에 빠졌다.

천사는 나의 어깨를 감싸주면서 말했다.

"김상호 성도님!"

"네"

"세상에 가거든 자신을 위하여 일하지 말고 주님을 위하여 열심
히 충성을 바치다 이곳에 와서 많은 상급을 받으십시오."

나는 "네"라고 대답하는 동시에 열심히 살아 솔로몬 왕처럼은 되
지 말자고 다짐하고 또 다짐했다.

• 바울사도의 집을 방문한 김상호

천사는 내게 가장 아름다운 집을 소개한다고 했다. 조금 의아한 말이었다. 하늘 나라에서는 모든 집들이 아름답고 화려한데 '가장 아름다운 집'은 또 무엇이란 말일까? 이렇게 해서 천사와 함께 황금길을 걷고 있는데 저 쪽에 어마어마한 '황금빛 성'이 나타난 것이다. 깜짝 놀란 가슴을 진정시키기도 전에 저 황금빛을 가진 성의 이름이 무엇인지 무척 궁금해졌다.

"천사님, 저 '성'은 어떤 '성'인지요, 너무 화려하고 아름답습니다."

"저 곳은 '성'이 아니다."

"네? 성이 아니라니요? 저렇게 큰데 그냥 집이란 말인가요? 임금님이 사시는 궁궐 같은데요."

"네 눈에는 '성'으로 보이지만 그곳은 엄연한 집이란다."

"집이라면 누가 사는 집인가요?"

"그 집은 세상에서 집 한 칸, 통장 하나 없이 오직 주님만을 섬기며 독신으로 사셨던 바울사도님이 사는 집이야."

바울사도의 이름을 듣자 내 두 눈에서는 뜨거운 눈물이 멈추지 않았다. 로마서 14장 8절에서 바울선생은 '우리가 살아도 주를 위하여 살고 죽어도 주를 위하여 죽나니 그러므로 사나 죽으나 우리가 주의 것이로다'라고 말씀하셨고 일생을 그 말씀대로 사신 분이었다.

내 비록 부족하지만 그 분의 뒤를 이어 신앙생활 하려고 늘 그분을 사모했었는데 이 하늘 나라에서 그 분의 집을 볼 수 있다는 것에 대해 감개무량했던 것이다.

바울사도의 집 대문에 천사와 함께 서니, 대문이 스르륵 열렸다, 그 집에는 수천 마리의 아름다운 새들이 있었는데 새들 각자가 지저귀는 것이 내게는 꼭 '말'처럼 들렸다.
"바울사도의 집에 방문하게 되심을 진심으로 환영합니다."
나는 반갑고도 고마운 한편 하늘 나라에는 새들도 말을 할 줄 아는 것에 놀라울 따름이었다.

정원도 얼마나 넓은지, 천사를 따라 걷고 있는데 분수대가 나타났으며 물줄기는 하늘까지 높이 솟았고 물이 내려올 때는 빛에 반사된 모습이 마치 한 폭의 그림 같았다. 그리고 더욱 놀라운 것은 분수대 아래 물속에서 평화롭게 노니는 색색의 물고기들이었다. 넋을 잃고 그 모습들을 바라보고 있는데 갑자기 물고기들이 동시에 물위로 튀어오르며 말을 하는 것이었다.

"바울사도님의 집에 오심을 환영합니다."

천사를 따라 집 쪽으로 걷고 있는데 '황금탁자'가 놓여 있고 그곳에 어떤 분이 앉아 있었다, 황금 면류관과 땅에까지 끌리는 긴 옷을 입은 그는 부리부리한 눈에 얼굴이 태양처럼 빛나고 있었다.

나는 먼저 알아야겠다는 마음으로 천사에게 물은 것이다.

"저분은 누구시죠?"

"저분은 이집의 주인이신 바울선생님이십니다."

나는 반가움과 보고 싶음에 더욱 발걸음을 재촉하여 그 앞에 가서 엎드렸다. 그분은 나를 어떻게 알았는지 품에 안으며 다독여주셨다.

"얼마나 고생이 많았느냐?"

"아닙니다."

"나도 세상에 있을 때 많은 어려움과 환난이 있었지만 주님만 바라보고 잘 견디어 이곳에 와서는 참된 평안과 기쁨을 누리고 있단다."

저희가 그리스도의 일군이냐 정신없는 말을 하거니와 나도 더욱 그러하도다. 내가 수고를 넘치도록 하고 옥에 갇히기도 더 많이 하고 매도 수없이 맞고 여러 번 죽을 뻔 하였으니 유대인들에게 사십에 하나 감한 매를 다섯 번 맞았으며 세 번 태장으로 맞고 한번 돌로 맞고 세 번 파선하는데 일주야를 깊음에서 지냈으며 여러 번 여행에 강의 위험과 시내의 위험과 광야의 위험과 바다의 위험과 거짓 형제중의 위험을 당하고 또 수고하여 애쓰고 여러 번 자지 못하고 주리며 목마르고 여러 번 굶고 춥고 헐벗었노라(고후11:23-27).

그러면서 바울사도는 더욱 힘껏 안아주시는데 꼭 어머니의 품과 같았다.

"바울사도님 제가 어떻게 하면 이렇게 좋은 집을 얻을 수 있을까요?"

두 눈이 반짝반짝 빛나며 이렇게 물었던 것이다.

"주님을 위해서 땀 흘리고 힘써 일하게 되면 주님께서 만 배로 갚아주시고 이런 집을 얻게 된단다."

바울선생은 계속 말씀하셨다.

"흘러가는 냉수 한 그릇이라도 불쌍한 사람에게 주면 갚아 주듯이 주님 안에서 수고한 것은 공짜가 없단다."

그 누구든지 제자의 이름으로 이 소자 중 하나에게 냉수 한 그릇이라도 주는 자는 내가 진실로 너희에게 이로노니 그 사람이 결단코 상을 잃지 아니하리라 하시니라(마 10:42).

"네 잘 알겠습니다."

이렇게 대답을 끝내자 '과일'을 주시기에 먹었는데 기쁨과 소망이 넘쳐나는 듯했다. 그리고 바울선생의 집을 보면서 그분처럼 주님께 충성을 다 해야겠다는 결심을 하게 됐다.

바울의 집을 나온 나는 다시 걷다 멀리서 걸어오는 어떤 분을 보게 됐다. 천사가 말했다.

"저분이 누군지 아느냐?"

"저는 모릅니다."

• 아름다운 옷을 입은 이사야 선지자

"저분이 바로 하늘 나라에서 가장 아름다운 옷을 입은 하나님의 종 이사야 선지자이시다."

"아, 예"

점점 내게로 다가오시는데 얼굴에서, 몸에서, 옷에서 광채가 나는데 너무 강렬한 빛이라 눈이 멀 것만 같았다. 고개를 들고 쳐다보기 힘들 정도였다. 한마디로 해처럼 빛이 나는 분이었다.

천사에게 물어보았다.

"저 옷은 무슨 옷입니까?"

"저 옷은 하늘 나라에서 가장 아름다운 '빛의 옷'이란다." 하늘 나라의 성도들의 옷은 작든 크든 모두 다 빛이 있었다. 그런데 이사야 선지자의 옷은 보통 빛의 옷이 아니고 아주 특별한 옷이었다.

그런데 설교와 성경을 통해서만 아는 그분이 내게 다가오셔서 안아주시는데 얼마나 눈이 부시는지 눈이 스스로 감기는 것이 아닌가?

"이사야 선지자님"

"왜 그러느냐?"

"어떻게 하면 이런 옷을 입을 수 있나요?"

이사야 선지자는 이렇게 말씀하시는 것이다.

"나는 여호와의 명령에 따라 3년 동안이나 '벗은 몸과 벗은 발'로 다녔지, 그리고 엄청난 수치와 멸시와 고난을 당했단다. 그래서 하나님께서 하늘 나라의 가장 아름다운 옷으로 입혀주신 것이지."

곧 그때에 여호와께서 아모스의 아들 이사야에게 일러 가라사대 갈지어다 네 허리에서 베를 끄르고 네 발에서 신을 벗을 찌니라 하시매 그가 그대로 하여 벗은 몸과 벗은 발로 행하니라. 여호와께서 가라사대 나의 종 이사야가 삼년 동안 벗은 몸과 벗은 발로 행하여 애굽과 구스에 대하여 예표와 기적이 되게 되었느니라(사20:2-3).

"아 그렇군요."

"네가 하늘 나라에서 아름다운 옷을 입기를 원한다면 많은 사람들을 옳은 길로 인도해야만 된다."

"그 말씀은 전도를 말씀하는 건가요?"

"그렇지."

"아무리 환난과 핍박이 있어도 감사함으로 예수님을 전하거라. 그리하면 주님이 가장 아름다운 옷을 입혀주실 것이다."

"네, 잘 알겠습니다. 이사야 선지자님."

나는 이사야 선지자에게 정중히 인사를 드린 후 천사와 같이 길을 걷고 있는데 하늘 나라 꽃밭을 지나가게 됐다. 아, 꽃향기, 머리뿐만 아니라 영혼까지 시원함을 느끼게 됐다.

● 꽃밭에서 하나님을
　찬양하는 소리가 나다. ┄┄┄┄┄┄┄┄┄┄┄┄┄┄┄┄

　꽃밭에는 어디서 날아왔는지 수없이 많은 황금빛깔의 나비가 날
아다니고 있었고 황금새들도 꽃밭에 그렇게 많았다. 아름답게 지
저귀는데 모두 다 알아들을 수 있는 말들이었다. 하나같은 내용은
'하나님께 영광을 돌린다'라는 것이었다.

　내가 또 들으니 하늘 위에와 땅 위에와 땅 아래와 바다 위에와 또 그 가운데 모든
만물이 가로되 보좌에 앉으신 이와 어린양에게 찬송과 존귀와 영광과 능력을 세세토
록 돌릴지어다 하니(계5:13).

　꽃밭 사이로 지나는데 그 향취는 세상에서는 맡아보지 못한 향기
였다, 각종 꽃마다 저마다의 향기와 아름다움은 무엇으로 표현해
야 될는지..., 꽃들이 바람이 불 때마다, 마치 하늘에서 내려온 천
사들이 춤을 추듯이 꽃들도 춤을 추는 것이 아닌가? 그런데 더욱
신기한 것은 꽃들도 말을 하는 것이었다.
　"주님을 찬양합니다. 영원히 영원토록 찬양을 받으소서."
　그때 다른 꽃도

"여호와를 찬양합니다. 영원히 영광을 받으소서."

꽃들도 말을 하고 하나님을 찬양하는 모습을 보며 저런 꽃들도 만물들도 하나님께 영광을 돌리는데, 하나님의 형상으로 지음 받은 사람들이 하나님을 경배하지 못하고 있다는 사실에 마음이 아팠다.

하나님이 자기 형상 곧 하나님의 형상대로 사람을 창조하시되 남자와 여자를 창조하시고(창(1:27).

저쪽 하늘에서 나팔소리가 들리기에 그 쪽으로 시선이 쏠리게 됐다. 많은 아기천사들이 예쁜 나팔을 불면서 날아오는 것이 아닌가? 세상에서 아기들을 볼 때에도 아름답고 이쁜데 하늘 나라의 아기천사들이니 어떤 말이 필요할 것인가?

이 아기천사들도 노래를 하기에 들어보니

"하나님만 홀로 영광을 받으소서, 주님만 홀로 영광을 받으소서" 라는 영광의 찬양소리였다. 그 아기 천사들은 나를 중심으로 둘러싸더니

"김상호 성도님! 하늘 나라에 들어오심을 진심으로 축하드립니다." 얼마나 예쁜 목소리로 말들을 하는지 내 몸이 녹아나는 것과 같은 느낌이었다. 또 천사들을 유심히 살펴보니 공중에 떠 있으면서 날개를 젓게 되는데 그때 파생되는 '날개소리'도 '하나님을 찬양'

하는 소리였다.

하늘 나라에 입성해 보니 하나님을 찬양하는 것 외에는 없었다. 세상에 살 때는 조금 주님을 찬양하고 많은 부분은 세상소리와 세상의 염려와 근심으로 살아왔던 많은 날들을 회개하며 세상에 가거든 온전히 주님만 사랑하고 찬양하는 성도가 되어야겠다고 다짐했다.

찬양하라 하나님을 찬양하라 찬양하라 우리왕을 찬양하라(시47:6).

온 땅이 주께 경배하고 주를 찬양하며 주의 이름을 찬양하리이다 할지어다(셀라)(시66:4).

• 십계명을 받은 모세를 만나다.

　꽃길 따라 걷고 있는데 먼발치에서 흰머리 휘날리며 얼굴이 해 같이 빛나시며 아주 위엄 있으시고 손에는 큰 지팡이, 옆구리에는 커다란 책을 끼고 계신분이 오고 있었다. 언뜻 봐도 무섭고 두려웠다. 천사는 내게 말하기를

　"저분이 누군지 알겠습니까?"

　"아닙니다. 모릅니다."

　"그래요?"

　"그런데 왜 무서움과 두려움이 찾아오지요."

　"그건 이유가 있답니다."

　"왜요?"

　"조금 있으면 알게 됩니다."

　"혹시 저분이 십계명을 기록한 모세가 아닐까요?"

　"맞았습니다. 저분이 바로 애굽에서 신음하던 이스라엘민족을 이끌고 애굽을 탈출했던 이스라엘의 최고의 영도자 모세이십니다. 그리고 십계명을 통해서 이스라엘 민족을 그 '법'아래 살아가게 했

던 분입니다.”

　하늘에서 만났던 어떤 분들보다 위엄과 권위가 있는 분인데 그가
나를 부르는 것이 아닌가? 두려워 떨며 그 앞에 나가 엎드렸다.
　“하나님의 나라에 오니 얼마나 즐겁고 기쁘냐? 이 나라 오게 됨
을 환영한다.” 하시며 안아주는데 아까의 무서움과 두려움은 사라
지고 그렇게 포근할 수가 없었다.
　“세상에서 주님을 위한 고생은 하나도 헛것이 없단다.”
　“네”
　그때에 궁금해 하던 옆구리에 끼셨던 책을 보여주시는 것이다.
그 책은 ‘행위록’이었다.

　“네 행위를 살펴볼까?”
　그 말에 갑자기 내 얼굴은 굳어졌지만 한번 살펴보고 싶은 생각
에 그렇게 하자고 머리로 끄떡였다. 모세는 ‘행위록’을 살펴보더니
웃으면서
　“예수님의 피로 너의 죄는 다 씻어졌단다.”
　“예”
　“너희가 어떤 죄를 지었다 할지라도 회개하면 주님은 묻지도 따
지지도 않고 용서를 하신단다.”

　여호와께서 말씀하시되 오라 우리가 서로 변론하자 너희 죄가 주홍 같을지라도 눈

과 같이 희어질 것이요 진홍같이 붉을지라도 양털같이 되리라(사1:18).

내가 너희를 아버지께 고소할까 생각지 말라 너희를 고소하는 이가 있으니 곧 너의 바라는 자 모세니라(요5:45).

대답하되 주여 없나이다. 예수께서 가라사대 나도 너를 정죄하지 아니하노니 가서 다시는 죄를 범치 말라 하시니라(요8:11).

"정말 주님의 은혜가 고맙고 감사합니다."
모세는 이런 이야기를 하는 것이다.
"너는 세상에 살 때 어떻게 예수님을 믿게 되었지?"
"나는 아무것도 모릅니다. 다만 내가 알 수 있는 것은 예수님이 나를 부르셨다는 사실입니다."
"그래, 네 말이 정답이다."

이제는 모세와 작별하고 하늘 나라의 어떤 성도님의 집을 방문하게 됐다. 그런데 그 집은 황금으로 만들어진 집이었다. 세상의 제아무리 유명한 조각가와 건축가들이 집을 만든다고 할지라도 저와 같이 아름답고 완벽한 '황금의 집'을 만들 수가 있을까?

세상의 것들은 모두 다 하늘 나라의 그림자인데 세상의 아름다운 집들도 결국은 하늘 나라의 초가집보다 못하지 않겠는가라는 생각이 든다.

• 황금집을 소유한
어느 장로님 댁을 방문하다

　세상에 살 때도 새로 지은 집을 방문할 때면 이곳 저곳을 살펴보듯이 어느 성도님의 집 구석구석을 호기심을 가지고 살펴보고 있는데 '탁자' 위에 무언가 보이기에 다가가서 보니까, 황금 면류관이 열 개나 포개져 있었다. 그리고 벽에는 '상장'들이 붙어있었다. 궁금하던 차에 마침 천사가 이렇게 말했다.

　"하늘 나라에 오면 상장을 받게 되는데 상품은 면류관이다."

　상장 가까이 다가가서 거기에 써 있는 글씨를 보니까, '전도의 상장', '봉사의 상장', '구제의 상장', '사랑의 상장', '인내의 상장', '희생의 상장', '눈물의 상장', '기도의 상장', '찬양의 상장', '선교의 상장'이라고 쓰여 있었다.

　"이 다음 주님 앞에 오면 상장 한 장과 면류관 한 개씩을 받게 된단다."

　"네"

　"네가 세상 사는 동안에 쌓여진 것들이 결국은 상을 받게 되는 것이지 그러니 너도 주님을 위하여 목숨 바쳐 일하거라."

"네"

그 집을 열심히 살피고 있는데 한 곳에 구멍이 뚫려 있었다. 깜짝 놀란 나는 이렇게 완벽한 집에 웬 구멍이 뚫려져 있나 싶었다.

"천사님, 이 구멍은 무엇입니까?"

"그 구멍? 그만한 사연이 있지."

"무슨 사연이란 말입니까?"

천사는 내게 손가락을 가리키기에 구멍 앞으로 갔더니, 구멍이 뚫린 바로 옆에 글이 써 있었는데 자세히 보니 주일날 결석한 날짜가 그 구멍 옆에 기록되어 있는 것이다. 너무 놀랍고 충격적이었다. 이후 세상에 돌아와 80세가 될 때까지 나는 주일날 빠져본 적이 단 한 번도 없다. 나는 개인적 영적 체험을 단지 '체험'으로 끝내지 않고 실생활에서 옮기려고 부단히 노력했다.

물론 이는 나의 힘과 능력으로 할 수 있는 것이 아니요. 오직 주님이 힘을 주셔야 하는데 하나님께서 나를 특별히 사랑하셔서 힘과 능력을 주시기에 가능한 것이었다. 마지막 숨이 끊어지는 그때까지 하나님의 돕는 은총이 나와 함께 하시기를 기도드린다.

예수께서 이르시되 할 수 있거든 이 무슨 말이냐 믿는 자에게는 능치 못할 일이 없느니라 하시니(막9:23).

나는 천사에게 물었다.

"저 구멍은 어떻게 하면 없어지나요?"

"죽어가는 영혼들을 많이 하나님께로 돌아오게 하면, 즉 전도를 많이 하면 구멍은 없어진단다."

"예, 알겠습니다."

이 집은 유난히도 아름답고 멋있었다.

천사가 말하기를

"이 집 주인은 주님을 위하여 많은 일도 했지만 찬양으로 하나님께 영광을 많이 돌린 집이라 유난히 아름답다"

"그렇군요."

천사의 손을 잡고 2층으로 올라갔는데 거기에는 '황금 항아리 두 개'가 놓여 있었다. 궁금하여 천사에게 물었다.

"이 항아리들은 무슨 항아리들입니까?"

"너희들이 기도할 때 기도를 담아 놓은 항아리이고, 또 하나는 너희의 땀과 눈물을 담아 놓은 항아리란다. 너희의 기도와 눈물이 가득 차게 되면 너희에게 응답되는 것이다."

향연이 성도의 기도와 함께 천사의 손으로부터 하나님 앞으로 올라가는지라(계 8:4).

구하라 그러면 너희에게 주실 것이요 찾으라 그러면 찾을 것이요 문을 두드리라 그러면 너희에게 열릴 것이니(마7:7).

그때 깨달은 것은 기도는 때가 되면 응답된다는 사실이었다. 그 후로 나는 공동묘지에서도 생명 바쳐 기도를 하곤 했다. 그리고 기도는 꼭 응답된다고 믿고 있다.

천사의 손을 잡고 3층에 올라갔는데 아름다운 색깔의 각종 옷들이 있는 것이다. 세상의 어떤 유명한 디자이너도 저렇게 만들지 못할 것이다. 세상에서 가끔 유명한 연예인들이 수천 만원 하는 옷을 입고 TV에서 공연하는 것을 본 적은 있지만 하늘 나라의 드레스만 하겠는가?

그 아름다운 옷에 빠져, 여러 빛나는 옷들을 살펴보고 있다가 천사에게 물어보았다.
"저 옷들은 무슨 옷입니까?"
"저 옷들은 하늘 나라에서 너희들이 입는 옷들이란다."
"어떻게 하면 저런 옷들을 입을 수 있을까요?"
"이 옷은 '행함의 옷들'인데 너희들이 올바르게 살면 하나님이 입혀 주신단다."
"예"

그에게 허락하사 빛나고 깨끗한 세마포를 입게 하셨은 즉 이 세마포는 성도들의 옳은 행실이로다 하더라(계19:8).

이제 4층을 방문하게 되었는데 거기에는 각종 아름다운 장신구들이 있었다. 보석들, 반지, 목걸이, 등등 천사가 내게 아름다운 보석반지를 끼워주는데 너무 아름다웠다. 그러나 그 반지의 주인이 아니기에 도로 벗어 놓았다.

5층으로 올라갔는데 '성전'이 있는 것이다. 깜짝 놀라 내 눈을 의심했다. 무엇을 잘못보고 있는 것이 아닐까? 그러나 다시 살펴보아도 분명히 성전이었다.

"천사님 왜 성전이 이곳에 있습니까?"

"그것이 궁금하냐?"

"네"

"이 집의 주인은 모 교회 장로님인데 하나님께 성전을 지어 봉헌했지, 그래서 이 집이 이렇게도 아름다운 것이다."

그 집 뜰로 나오게 됐다. 이 집은 규모가 웅장하고 아름다운만큼 정원도 보통 정원이 아니었다. 황금잔디가 깔려 있고 황금새와 황금나비가 평화롭게 날고 있었다. 또한 아기천사들도 있었다. 천사가 내게로 달려오면서 방문을 환영한다고 인사를 했다.

천사는 정원 한가운데를 손으로 가리키기에 내 눈은 그곳을 향하고 있었다. 그 곳에는 어떤 나무 한그루가 있었는데 보통 나무가 아님을 한눈에 보아도 알 수 있었다.

"저 나무는 어떤 나무인지 너는 알겠느냐?"

"잘 모르겠습니다."

"저 나무는 '생명과' 나무인데 아무 집에나 있는 것이 아니고 하나님께 성전을 지어 봉헌한 성도에게 주시는 예수님의 특별한 선물이란다."

나는 그 나무는 좀 특별한 나무라 생각하고 그 나무를 바라보니 나무도 빛이 나고 열매도 빛이 나는 정말 탐스러운 나무였다.

정원 옆에 분수대가 두 개 있는데 분수의 물이 하늘 끝까지 닿는 것 같았고 이 분수와 저분수대 사이에 다리가 놓여 있는데 정말 아름다운 한 폭의 그림과 같았다.

"천사님 어떻게 하면 저분수대를 세울 수 있나요?"

"기도를 많이 하면 큰 분수대를 세워주시고 찬양을 많이 하면 물줄기는 높이 높이 솟는 것이지."

또 분수대 밑으로는 각종 물고기들이 노니며 말을 하는데 참으로 아름답고 멋있었다.

"저 고기들은 어떻게 하면 생기는 것입니까?"

"하나님의 집에 와서 봉사하고 충성하면 물고기가 한 마리씩 생긴단다."

라고 천사가 말했다.

궁금한 게 하나 더 있어 물어보았다.

"어떻게 하면 저 꽃들이 생겨나나요?"

"저 꽃들 말이냐?"

"네"

"아주 쉽지?"

"어떻게 쉽다는 말씀인가요?"

"너무나 쉽지만 성도들은 보기보다는 행동으로 옮기지 못한단다."

나는 더욱 궁금하여 말해달라고 떼를 썼다.

"이제 가르쳐줄 텐데 너는 세상에 내려가거든 실천하겠느냐?"

"그럼요, 하늘 나라 나의 집에 꽃이 생긴다는데 안 할 이유가 무엇이 있으며 실천 못할 일이 무엇이 있겠습니까? 꼭 실천하고 행동으로 옮기겠습니다."

"네 결심이 대단하니 마음에 든다. 이제 말하겠노라, 너희가 세상에서 불신자에게 '예수님 믿으세요' 한마디만 하면 네 정원 꽃밭에 꽃이 하나씩 생기게 된다."

"정말요"

"그렇단다."

"실천하기가 쉽군요."

"어떤 사람은 전도가 쉬운 반면 어떤 사람은 죽을 때까지도 전도 못한 사람들도 있다."

"쉽기도 하고 어렵기도 하군요."

"그러나 하나님께 기도하고 전도하면 하나님께서 힘을 주시기에 어려운 것은 없단다.”

이 체험이 있은 후 세상에 내려와서 전도할 때 사람들이 욕하고 흉봐도 나는 속으로 웃고 있다. ‘하나님! 하늘 나라 나의 집에 꽃 한 송이 또 피었습니다.’ 아, 누가 내 기쁨과 평화를 알 것인가? 오늘도 나는 하늘 나라 나의 집 정원에 꽃 한 송이를 피우기 위하여 전도의 발걸음을 쉬지 않는다.

자기 때에 자기의 말씀을 전도로 나타내셨으니 이 전도는 우리 구주 하나님의 명대로 내게 맡기신 것이라(딛1:3).

• 황금그물을 어깨에 멘
베드로를 만나다.

걷다보니 생명수 강가에 다 달았다. 그곳에는 마침 하얀 색깔의 배가 한 척 있었다. 하늘 나라에도 배가 있다는 사실에 놀랐다. 하늘 나라 배답게 역시 아름답기 그지없는 배였다, 그 배는 자동으로 움직이더니 강 가운데까지 가게 됐다.

배가 물살을 가르는 그 옆에는 어디서 모여왔는지 각종 아름답고 신비하게 생긴 고기들이
"살아계신 예수님, 영광을 받으소서, 그 분을 찬양합니다. 그 분만 영광을 받으소서" 이렇게 말들을 하는 것이었다.

너무 황홀한 광경에 넋을 놓고 있는데 천사가 하는 말이
"물 위로 걸어보지 않겠느냐"
"어떻게 제가 물 위로 걸을 수가 있습니까? 제가 사도베드로도 아닌데요." 그렇게 말은 했지만 한번 물 위를 걸어보고 싶은 생각도 있어 말했다.

"괜찮겠지요, 천사님?"

"믿음을 가지고 걸어보아라."

나는 두 눈을 감고 강가에 풍덩 내 몸을 던졌다. 그런데 이게 웬일인가? 빠지지 않는 게 아닌가? 나는 신기해 하며 "할렐루야"를 외쳤다.

천사와 같이 손을 잡고 물 위로 걷기도 하고 뛰기도 했다. 고기들은 물 위로 얼굴을 내밀고 일제히 소리를 지르는 것이다.

"환영합니다."

하늘 나라는 물은 있으되 그곳은 빠지는 일이 없고, 병도 없고, 죽음도 없는 곳이었다.

예수께서 이르시되 이 세상의 자녀들은 장가도 가고 시집도 가되 저 세상과 및 죽은 자 가운데서 부활함을 얻기에 합당히 여김을 입은 자들은 장가가고 시집가는 일이 없으며 저희는 다시 죽을 수도 없나니 이는 천사와 동등이요 부활의 자녀로서 하나님의 자녀임이니라(눅20:34-36).

강 저쪽에서 어떤 분이 그물을 어깨에 메고 터벅터벅 걸어오고 있었다. 천사가 나에게 물었다.

"저분이 누구인지 아느냐?

"글쎄요."

"잘 좀 생각해 보거라."

그때 그 분은 더욱 가까이 다가오고 있었다. 그 얼굴은 광채가 나고 턱에는 긴 수염을 길렀고, 옷은 땅에까지 끌리는 흰 옷과 허리에는 황금벨트, 가슴에는 주먹만한 보석 목걸이를 걸고 우람한 어깨에는 황금그물을 걸쳤다. 보기에도 듬직하고 믿을만한 사람처럼 느껴졌다.

나는 혹시 예수님의 제자가 아닐까? 생각하고 있는데 더욱 가까이 왔다.

"혹시 예수님의 수제자 베드로가 아니신가요?"

"그렇다" 하시며 나를 포옹해 주시는 것이 아닌가? 너무 고맙고 감사했다. 내 어찌 예수님의 수제자를 만날 수 있다는 말인가?

그는 큰 소리로 웃어댔다. 확실히 갈릴리 어부 스타일이 남아 있었다.

"나는 예전에 물고기 잡는 어부였지. 그런데 나를 예수님이 사람 낚는 어부로 만들어 주셨지. 나는 결코 스스로 예수님의 제자가 되려고 예수님께로 온자가 아니었다. 너도 성경을 읽어 보았으면 알겠지만 3년간이나 예수님을 따라 다니다가 주님이 십자가 질 적에 계집종 앞에서 예수님을 부인하고 저주했던 내가 아니냐? 내 친구 가룟 유다와 비교해서 결코 나을 것이 없는 흉악범이다. 그럼에도 불구하고 나를 불러주셔서 사도 베드로로 만들어 주셨다."

"저도 스스로 예수님을 믿은 것이 아니예요."

"그래, 네가 어떻게 예수님을 믿을 수 있겠느냐? 그 분이 불러주시고 택하여 주시지 않았다면 구원을 받을 사람이 한 사람도 없단다."

"그저 주님의 은혜가 감사하고 고맙습니다."

"그럼, 우리는 영원히 영원토록 우리를 구원해 주심에 대해 찬양하고 경배해야 한다."

"예"

"그리고 내가 너에게 중요한 할 말이 있다."

"어떤 이야기인데요?"

"나는 비록 예수님을 부인하고 저주한 적이 있었지만 깊이 회개하고 오순절 마가 다락방에서 '성령의 세례'를 받은 후에는 하나님께 온전히 붙잡혀 말씀을 증거했지. 그 때에 3천 명씩 회개하여 불신자들이 하나님께 돌아왔단다. 너도 이 사실을 알고 있지?"

"그럼요, 알고 있고말고요."

"너도 세상에 나가거든 내가 온전히 주를 좇아 사람 낚는 어부가 된 것처럼 너도 사람 낚는 어부가 되거라."

"알겠습니다."

그 말을 받는 사람들은 세례를 받으매 이 날에 제자의 수가 삼천이나 더 하더라 (행2:41).

말씀하시되 나를 따라 오너라 내가 너희로 사람을 낚는 어부가 되게 하리라 하시니(마4:19).

베드로 사도와 헤어질 시간이 됐다. 그때 베드로는 내게 작은 그물을 선물로 주는 것이 아닌가? 아, 얼마나 기쁘고 황홀한지 몸 둘

바를 몰랐다.

이것은 무엇을 의미하는 것인가? 많은 영혼 구원하라는 사도 베드로의 깊은 의미가 '작은 그물' 속에 담겨져 있다고 생각했다. 내 생명 끝나기까지 그 '선물'에 부끄럽지 않는 성도가 되기 위하여 오늘도 나를 채찍질한다.

"사도 베드로님 나중에 또 만나요."
"하! 하! 하! 그렇게 하자."
베드로는 물 위로 걸어서 다른 곳으로 가고 천사와 나는 물 위를 걸어 물가로 나오게 됐다.

• 천사장 미가엘과의 대면

내 앞에 갑자기 큰 장군이 나타났다. 얼마나 크고 위엄이 있는지 두려움에 떨었고 또 그 뒤에는 수천 명의 천사가 뒤따르는 것이었다. 그 장군 어깨에는 큰 황금칼이 들려있었다.

"저 장군은 누구냐?"고 물으니

"저 장군은 미가엘 천사장"이라고 했다.

천사장 미가엘이 모세의 시체에 대하여 마귀와 다투어 변론할 때에 감히 훼방하는 판결을 쓰지 못하고 다만 말하되 주께서 너를 꾸짖으시기를 원하노라 하였거늘(유 1:9).

천사장이 나를 쳐다보기에 두려움으로 무릎을 꿇었더니

"내가 천사장 미가엘이다. 이 나라에 들어옴을 환영한다."

그러면서 어깨를 두드려 주는데 두려움은 사라지고 든든함이 마음속에 찾아오는 것이었다.

정말 하나님의 특별한 은총이 아니고서는 이런 일들을 어떻게 경험 할 수 있겠는가? 하나님의 은혜에 늘 감사하고 또 감사를 드린다. 나는 천사장에게 인사를 드리고 발걸음을 다른 데로 옮기었다.

•어느 보석집을 방문하다

　어느 성도의 집을 방문했는데 집이 보석으로 꾸며져 있었다. 보기만 해도 흥분이 되는데 이곳에 사는 사람은 얼마나 좋을까 생각해 보았다. 보석 자체에서 빛이 나는데 영롱한 빛깔이며 보석에 따라 다른 빛이 비치는 것이다. 표현력이 부족한 내가 다만 한스러울 뿐이다.

　"천사님, 어떻게 해야 이처럼 영롱하고 아름다운 보석 집을 소유할 수 있나요?"
　"하나님 앞에 성전을 짓는다든지, 주님을 위하여 집을 바친다든지, 자식을 주의 종으로 만든다든지, 선교사가 되어 타국에서 복음을 증거한다든지, 또 깊은 산중이나 험한 곳에서 목회를 할 때 하나님께서 이런 보석 집으로 갚아주신단다."
　"그렇군요."
　"하늘 나라에는 집 종류가 다양하다."
　"무슨 뜻입니까?"

"사도 바울의 상급과 십자가 상에 한강도의 상급과 같겠느냐. 분명히 틀리단다. 믿음으로 구원을 받지만 행함으로 상급을 받게 되는 것이지."

지혜 있는 자는 궁창의 빛과 같이 빛날 것이요 많은 사람을 옳은 데로 돌아오게 한 자는 별과 같이 영원토록 비취리라 (단 12:3).

보라 내가 속히 오리니 내가 줄 상이 내게 있어 각 사람에게 그의 일한대로 갚아 주리라
(계22:12).

"겨우 목숨만 건진 십자가상의 강도와 같은 인물이 되어야 하겠니? 아니면 온 일생을 주를 위해 바치고 마지막엔 순교까지 한 사도 바울 같은 인물이 되어야 하겠니?"
"저는 힘들고 어려워도 사도바울의 뒤를 따르겠습니다."
"고맙구나! 주님이 너무 기뻐하실 것이다."
"주님이 제 말을 들으실까요?"
"그럼 주님은 지금 네가 말하는 것을 다 듣고 계신분이시고 네 생각을 이미 알고 있으신 분이고 네가 이 세상에 오기 전 창세전에 너를 이미 알고 계신 전능하신 하나님이시다."
"천사님, 주님께 영광을 돌립니다. 할렐루야"
다 여호와의 이름을 찬양할지어다 그 이름이 홀로 높으시며 그 영광이 천지에 뛰어나심이로다(시148:13).

• 헌금에 관한 이야기

천사는 내게 물어보았다.

"너는 세상에서 하나님께 예물을 드릴 때 네 이름만 썼니? 아니면 같이 썼니?"

"제 이름만 썼습니다." 그때 천사는 네 이름만 등재된다고 했다.

"하나님께 헌금을 할 때는 각자 쓰던지 함께 써라."

천사는 한 가지 더 알려주었다.

"헌금할 때 이름을 밝히고 하는 것도 좋지만 안 밝히고 하는 것도 좋아하신다."

예수께서 제자들을 불러다가 이르시되 내가 진실로 너희에게 이르노니 이 가난한 과부는 연보궤에 넣는 모든 사람보다 많이 넣었도다(막12:43).

이러므로 내가 이 형제들로 먼저 너희에게 가서 너희의 전에 약속한 연보를 미리 준비케 하도록 권면하는 것이 필요한 줄 생각하였노니 이렇게 준비하여야 참연보 답고 억지가 아니니라(고후9:5).

우리 성도들은 각종 헌금을 하면서 살게 된다. 즉 헌금은 '내 마음의 정성'이다. 크고 작음을 판단하실 이는 오직 주님이시다. 억지로 하는 것은 안 하는 것이 더 나은 것이다. 헌금은 하나님전에 올라가는 것이기에 지극정성을 다 해야 한다. 내 일생의 한 부분은 하나님께 예물을 드리는 삶이었다. 나는 재물이 나의 것이라 생각해 본 적이 없다. 주님께서 주신 것이라 믿고 살아왔다. 뒷장에 예물에 대한 부분이 나오겠지만 나의 삶을 한마디로 요약한다면 '하나님께 드리는 삶'이다. 이것이 나의 기쁨이고 소망이다. 주님이 나를 원하신다면 이 한 몸 불태우는 순교라도 하고 싶은 심정이다.

만일 너희 믿음의 제물과 봉사위에 내가 나를 관제로 드릴지라도 나는 기뻐하고 너희 무리와 함께 기뻐하리니(빌2:17).

•주님께 선물로 받은 황금 성경책

　지금까지 길 안내하는 천사와 함께 많은 곳을 여행했고 방문했으며 성경의 훌륭한 인물들을 대면하여 이야기했다. 그런데 천사는 주님 앞으로 다시 가자는 것이다. 이제 주님 앞에 다시 섰다.

"지금까지 하늘 나라를 잘 돌아 보았느냐?"

"예"

　그러자 그 분은 껄껄 웃으시면서 나를 안아주셨다. 그러면서 손을 펼쳐 주님께서 세상에 있을 때 고통당하고 남은 못 자국을 보여주셨다.

　'그 분은 창조자이시고 만왕의 왕이 되는 분이시다. 이 땅에 와서 나 같은 존재를 위하여 십자가에 못 박혀 돌아가실 분이 아니었다. 그럼에도 불구하고 내 영혼의 구원을 위하여 하늘의 보좌를 버리시고 이 땅에 오신 것이었다.'

　순간 나의 두 눈에서는 뜨거운 감사의 눈물이 솟구쳤다. 그래서 나는 감사의 표시를 했다.

"주님 고맙습니다. 저를 위하여 십자가에 돌아가시고 또 제 여섯 자녀를 이 좋은 하늘 나라에 살게하시니요."

"네 자녀들은 죽은 것이 아니라 이 영생의 나라에서 영원히 사는 것이란다. 언젠가 너를 부르는 날 이곳에서 네 자녀들과 성도들과 영원히 살자꾸나."

"주님, 그저 감사합니다."

그래도 그 감사의 눈물은 그쳐지지 않았다.

울고 있는 나에게 주님이 선물을 주셨다.

"이것이 무엇입니까, 주님?"

"황금 성경책이지. 그리고 반지도 있는데 끼어 보거라."

"네"

황금 성경책과 잘 맞는 반지로 인해 나의 기분은 몹시도 고조됐다.

'이 성경책은 아마 하나님 말씀대로 잘 살라는 뜻일 것이고, 반지는 약속을 의미하는 것이니 주님과의 변치 않는 약속을 말하는 것이리라.'

너희가 성경에서 영생을 얻는 줄 생각하고 성경을 상고 하거니와 이 성경이 곧 내게 대하여 증거하는 것이로다(요5:29).

아버지는 종들에게 이르되 제일 좋은 옷을 내어다가 입히고 손에 가락지를 끼우고 발에 신을 신기라(눅15:22).

•주님이 영광을 받으시는 시간

주님께서 내게 하시는 말씀이

"지금 이 시간은 내가 '영광'을 받을 시간이란다."

그 때에 수만 명의 천사들이 각종 악기를 가지고 나타났다. 그리고는 주님 보좌 앞으로 몰려드는 것이 아닌가? 또한 주님 보좌 앞의 다른 천사들은 수천 명인데 날개가 여섯 개씩 달린 천사들로서 날개를 흔들며 주님을 찬양했다.

스랍들은 모셔 섰는데 각기 여섯 날개가 있어 그둘로는 그 얼굴을 가리웠고 그 둘로는 그 발을 가리웠고 그 둘로는 날며 서로 창화하여 가로되 거룩하다 거룩하다 거룩하다 만군의 여호와여 그 영광이 온 땅에 충만하도다(사6:2-3).

그리고 악기를 소유한 천사들은 각종 악기를 타면서 주님을 찬양했다. 또 아기천사들도 주님 보좌로 수천 명 날아와 주님을 찬양하는 것이었다. 그 모습들이 장관을 이뤘다.

주님께서 내게 말씀하셨다.

"너도 앞에 나가서 춤을 추며 영광을 돌리거라."

"네"

주님도 얼마나 기쁘신지 손을 흔들며 영광을 받으시고 있었다.

천사들은 일제히 소리를 질렀다.

"주님께 영광, 주님께 영광, 영원히 영광을 받으소서!"

예수님은 이런 말씀을 하셨다.

"하늘 나라는 찬양의 세계란다."

정말 그렇다. 하늘 나라 어느 곳에서도 찬양소리가 안 나는 곳은 없었다.

나는 궁금해하던 것을 주님께 물었다.

"하늘 나라에 온 사람들은 어떻게 살지요?"

"나를 중심으로 해서 영광과 찬양을 드리면서 사는 세계란다."

"네, 잘 알겠습니다. 그리고 한 말씀 더 드릴 것이 있는데 이곳에서 그냥 살면 안 될까요?"

"너는 세상의 네 동리로 내려가야 한다. 교회도 지어야 하고 할 일이 얼마나 많은지 아느냐?"

"그래도요, 여기가 훨씬 좋은데요."

"너는 다시 돌아가 일을 많이 하고 와야 네가 본 많은 상급들을 받을 수 있단다. 내 명령이다. 돌아가라!"

주님의 명령이 떨어지자마자 어디선가 황금마차가 나타나더니 나를 태우고는 세상으로 돌아오는 것이 아닌가?

저희가 이제는 더 나은 본향을 사모하니 곧 하늘에 있는 것이라 그러므로 하나님이 저희 하나님이라 일컬음 받으심을 부끄러워 아니하시고 저희를 위하여 한 성을 예비하셨느니라(히11:16).

5장 나의 사역들

• 나의 집안 배경

  우리 한국의 종교의 뿌리는 수천년 동안 내려오는 무속이었다. 100년 전 한국땅에 선교사가 오기 전까지는 동네어귀에 장승을 세워놓고 오고가며 '복' 을 달라고 빌었고 또 오래된 나무와 돌들 그리고 해와 달과 별에게 엎드렸고 바닷가와 관련 있는 어촌이나 어부들은 바다의 '용왕' 을 숭배했다.

  이 땅에 선교사님들이 오시지 않았다면 지금도 무속에 빠져 하나님을 믿지 못했을 것을 생각하니, 100년 전 이 땅에 복음을 증거하러 오셨던 선교사님들에게 감사드리고 흑암에 빠진 이민족에게 선교사님들을 보내주신 하나님께 감사를 드린다.

  우리 집안도 여느 집과 다름없이 하나님을 모르는 가정이었다. 우리 구병리에서 내가 예수를 맨 처음 믿은 사람이니 말하면 무엇하랴? 내 누님이 무당이고, 장모님이 무당이고, 처형이 무당이며, 외사촌동생이 박수에다 조카 중에도 무당이 있다. 이런 주변의 배경으로 봤을 때, 어찌 말하면 우리 집은 무속인 집안이다.

너희의 허물과 죄로 죽었던 너희를 살리셨도다. 그 때에 너희가 그 가운데서 행하여 이 세상 풍속을 좇고 공중의 권세 잡은 자를 따랐으니 곧 지금 불순종의 아들들 가운데 역사하는 영이라 전에는 우리도 다 그 가운데서 우리 육체의 욕심을 따라 지내며 육체와 마음이 원하는 것을 하여 다른 이들과 같이 본질상 진노의 자녀이었더니(엡2:1-3).

• 동네와 집안사람들의 핍박

　이미 예견된 일이었으나 실상 견디기 어려웠다. 산골마을에 사는 나는 날이면 날마다 좋던 싫던 동네 사람들과 관계를 맺고 살아가는데, 듣지도 보지고 못했던 서양종교를 믿으니 동네사람들의 시선이 좋을 리가 없었다.

　지나가며 힐긋 힐긋 쳐다보는데 무슨 못 볼 벌레라도 본 것처럼 하고 있다. 또 노골적으로 싫은 내색을 하는 사람도 있었다, 하루 이틀도 아니고 살아가는 동안 계속 이럴 텐데 이것도 보통 고통이 아닌 것이다. 그래도 동네사람들은 남이니까 좀 참을 수도 있지만 가족들의 난리는 더욱 참기 힘들었다.

　앞 장에서도 밝혔지만 무속의 집안에서 예수님을 섬긴다는 것은 좀처럼 쉬운 일이 아니었다.
　'영적 체험'이 있기 전에 받았던 핍박들은 정말 견디기 힘들었다. 그러나 그 후에는 하나님께서 견딜 수 있는 힘을 주시기에 또 하늘 나라의 상급을 바라보니까 현재 받는 고난들이 참을 만했다.

　그리스도를 위하여 너희에게 은혜를 주신 것은 다만 그를 믿을 뿐 아니라 또한 그를 위하여 고난도 받게 하심이라(빌1:29).

• 공동묘지에서 받은 성령세례

제일 가까운 교회라고 해도 동네에서 2시간 거리에 있는 아랫마을이고 매시간 찾아가서 예배와 기도를 드리는 것도 쉽지 않은 일이었다. 예전 같으면 동네 사람이나 친구들과 어울려 술 마시고 노름하고 하겠지만 이전의 내가 아닌 것이다.

이제 내가 갈 곳은 딱 한군데 있었다. 그곳은 공동묘지인데 특별한 날이 아니면 사람들이 결코 오지 않는 그 곳이다. 사람들과도 단절된 나는 밤이면 공동묘지를 찾아가 하나님께 부르짖었다.

살아계신 하나님께 내 생명 바쳐 기도했다. 이 시간들은 어떤 기약이 있는 것이 아니라 끊임 없이 하나님께 올리는 기도였다.

"하나님, 살아계신 하나님. 저를 우상숭배 가정에서 불러주시고 이제 하나님을 섬기게 되어서 얼마나 감사한지 모릅니다. 이 동네는 전체가 '산신'을 섬기는 동리입니다. 지금 저희 가정에서만 하나님을 섬기는데 보통 어려운 것이 아닙니다. 나 홀로 내버려 두시면 우리는 죽을 수밖에 없습니다. 하나님 도와주시어서 구병리 마을이 언젠가는 다 그리스도를 영접하는 마을이 되게 하여 주옵소서 그러기 위해서는 이 동리에 하나님의 성전이 세워져야 하겠습니다. 하나님께서 굽어 살펴주셔서 저희 기도를 응답하여 주옵소서."

이런 내용의 기도를 계속하고 있었다. 사실 공동묘지에서 기도한다는 것은 생각보다는 어려웠다. 적막한 그 밤에 파도처럼 밀려오는 두려움과 공포를 이겨내야만 했다. 그러나 두려움을 없애기 위해서라도 '목이 터져라' 부르짖었다. 그렇게 하다보면 동쪽하늘에 태양이 떠오르는 것이었다.

이러던 어느 날 밤이었다. 계속 기도를 하는데 나의 머리가 뜨거워지면서 가슴이 뜨거워지고 온몸이 불덩이로 변하는 것이 아닌가? 그리고 동시에 내 손에는 강한 힘이 왔다. 나는 초신자였기에 이런 현상에 대해서는 몰랐었다. 그런데 이 밤에 하나님께서 '성령의 세례'를 주신 것이다.

오순절 날이 이미 이르매 저희가 다 같이 한곳에 모였더니 홀연히 하늘로부터 급하고 강한 바람같은 소리가 있어 저희 앉은 온 집에 가득하며 불의 혀같이 갈라지는 것이 저희에게 보여 각 사람위에 임하여 있더니(행2:1~3).

2천 년 전 마가의 다락방에 역사하시던 '성령의 역사'가 그날 밤 나에게도 역사하신 것이다. 이제는 이전의 내가 아니었다. 즉 이제 나는 성령에 사로잡힌 사람이 된 것이다. 그 옛날 베드로는 계집종 앞에서도 도망다니는 사람이었지만 오순절 이후 그는 놀라운 주님의 사도로 사명을 완수한 것처럼 내게 임한 '성령'으로 말미암아 태산이라도 부술 수 있는 힘이 주님께로부터 임한 것이었다.

나는 그날을 가리켜 '내 생일'이라고 말하고 싶다. 내가 진정 거듭난 날, 하늘의 시민권을 받은 날, 난 그날의 경험만 생각하면 온몸이 지금도 뜨거워지는 것이다. 이날까지 승리의 신앙생활을 할 수 있었던 것은 그 날의 경험이라고 감히 말하고 싶다.

그날 밤 성령이 뜨겁게 임할 때 주님의 환상도 동시에 보게 됐다. 면류관과 흰 옷 입으신 주님께서 내 등을 어루만지시면서 하시는 말씀이 이랬다.

"내가 너에게 능력을 주리라, 신유의 은사를 주리라."

그리고는 내 곁을 떠나셨다. 그 후로 손에 어떤 증상들이 나타나곤 했다. 즉 손에 묵직한 느낌 같은 것이 오면서 손등이 뜨거워지는 것이다. 그 당시에는 많은 정신병 환자들이 있었는데 무슨 소문이 났는지 나의 집으로 사람들이 몰려들기 시작했다.

다른 이에게는 같은 성령으로 믿음을, 어떤 이에게는 한 성령으로 병 고치는 은사를(고전12:9).

• 내가 성경을 읽게 된 배경

 이 책의 앞부분에 '글'을 아버지로부터 배우지 못한 이유에 대하여 이미 설명 드렸다. 지나고 보니 한 학자인 아버지로부터 한문을 배웠다면 유교문화에 깊이 빠져 있지 않았을까? 생각도 해본다.

 교회 안에 들어와 보니 성경을 읽지 않고는 하나님에 대하여 주님에 대하여 성령님에 대하여 알 수가 없었다. 나는 이미 장년이 되었지만 부끄러움을 개의치 않고 공부를 시작했던 것이다.
 그래서 나는 모래를 파가지고 와서 그 위에 글씨 연습을 했다. 그러던 어느 날 성경을 읽게 되었다. 그 기쁨이란 이루 말할 수 없었다.

 농사를 짓다가도 비오는 날이면 하루 종일 하나님의 말씀을 읽으며 묵상했다. 내 비록 학문적인 사람은 못되어도 주님에 대한 지식은 부족함이 없다고 생각한다. 글씨를 하나둘 배워가며 하나님의 말씀을 묵상했던 그 시절이 엊그제 같았는데 이미 많은 세월이 흘렀다. 나는 오늘도 하나님의 말씀을 읽고 묵상하며 주님의 더 깊은 세계로 들어가고 있다.

오직 여호와의 율법을 즐거워하여 그 율법을 주야로 묵상하는 자로다(시1:2).

• 30년 된 정신병 환자를 고치다

  나의 집에 그 당시 환자들이 들끓었다. 환자들이 고쳐지면서 소문이 이 동네, 저 동네로 퍼지는 것이다. 실상 구병리에서 내가 처음 예수 믿은 사람이다. 교회가 약 30리쯤 있어서 신앙생활하기가 보통 힘든 게 아니었다. 우리 동네도 교회가 필요했지만 여의치 않는 상황이었다.

  하나님께서는 나에게 신유의 은사를 주시어서 원근 각지에서 환자들이 왔지만 아직 성전이 없어 나의 집에서 예배를 드리고 있던 중이었다. 당시 초등학교 교장 선생님에게 정신이 온전치 못한 딸이 하나 있었는데, 그렇게 된지 약 30년이 됐다. 교장 부부가 그녀를 내게 데리고 왔는데, 집을 뛰쳐나가고 집안 장롱 등 가구를 부수는 등의 증상이 있었다.

  그 당시는 교역자가 없던 때였다, 나는 성도와 함께 기도를 했다. 한 달 후에는 깨끗한 몸으로 가정으로 돌아갔다.

예수께서 그 열두제자를 부르사 더러운 귀신을 쫓아내며 모든 병과 모든 악한 것을 고치는 권능을 주시니라(마10:1).

• 어떤 정신병 환자를 위하여
3일 금식과 철야

동네에 50살 정도 된 여자가 미쳐서 동네를 돌아다니며 사람을 패고 기물을 파손했다. 그 가족들이 내게 와서는 교회에서 책임지고 치료해 달라고 주문했다. 그날부터 나는 3일간 금식하며 철야를 했다. 딱 3일 되던 그 밤에 그 여자에게 물어보았다.

"너는 누구냐?"

"나는 속리산 절에 30년 된 중이다."

예수께서 네 이름이 무엇이냐 물으신 즉 가로되 군대라 하니 이는 많은 귀신이 들렸음이라(눅8:30).

"내가 예수의 이름으로 네게 명하노니, 이 여인에게서 묶음을 놓고 떠나가라."

그 때에 이 여자가 쓰러지면서 거품을 흘리고 숨을 쉬지 않는 것이다. 즉, 죽은 사람처럼 되었다. 그래서 우리는 새벽 4시까지 마귀

쫓는 찬송을 불렀다. 그런데 새벽 4시경에 그 여자는 눈을 부비며 아무 일도 없었다는 듯 멀쩡해진 것이다. 우리는 이때 너무 기뻐하며 하나님께 영광을 돌렸다.

죽은 영혼이었던 한 사람이 하나님께 돌아온 것이다. 이것은 보통 사람도 아니고 귀신에 붙잡혀 살던 사람이 예수님의 그 따뜻한 품에 돌아오게 되었으니 얼마나 감사한 일인가?

그런데 이 여자가 사방을 둘러보는 것이었다.
"밥 좀 주세요."
"밥?"
얼마나 맛있게 먹던지 보는 사람들이 군침이 넘어갈 정도였다. 밥을 먹으면서 잃었던 기력이 회복되고 온전한 정신으로 하나님께 영광을 돌리는 것이다. 나는 얼마나 기뻤는지 모른다. 나 또한 하나님을 모르고 살아왔던 사람인데 하나님이 자녀삼아 주시고 부족하나마 나를 사용하셔서 하나님의 일을 하게 하시니 얼마나 감사한지 그저 하나님의 은혜가 고맙고 감사했다.

지금도 그때 일을 생각하면 얼마나 흥분되는지 모른다. 나는 교역자도 아니었고, 평신도로서 오직 하나님의 말씀에 의지하여 사역했던 그 시절, 그때가 바로 초대교회 때와 같지 않았나 생각이 든다. 그 당시 찬양과 기도로 동참했던 성도님들이 그리워진다.

예수께서 무리가 달려와 모이는 것을 보시고 그 더러운 귀신을 꾸짖어 가라사대 벙어리되고 귀먹은 귀신아 내가 네게 명하노니 그 아이에게서 나오고 다시 들어가지 말라 하시매 귀신이 소리지르며 아이로 심히 경련을 일으키게 하고 나가니 그 아이가 죽은 것 같이 되어 많은 사람이 말하기를 죽었다 하나(막9:25-26).

• 나체가 된 정신병 환자를 고치다

　이 사람은 노름을 하던 중, 돈이 떨어져 집에 가서 돈을 가져오려고 지름길인 공동묘지를 지나가게 되었다, 어떤 사람이 자기 이름을 부르기에 뒤돌아보았는데 그때 그 사람 속으로 귀신이 들어가게 된 것이다. 이후 그는 힘이 장사가 되었고 옷을 벗고는 온 동네를 날뛰며 돌아다니는 것이다.

　사람들은 교회에서 이 사람을 고쳐야 한다고 또 데리고 왔다. 그 사람을 치료하기 위해 하루에 한끼씩 금식하며 밤새워 철야기도를 했다. 이렇게 계속 기도하던 중이었다. 누군가가 내 등을 치면서 말하는 것이다.
　"기도하셔야지 왜 주무십니까?"
　나는 깜짝 놀랐다. '그렇지, 기도해야지. 내가 잠이 들었네.' 정신을 차리고 또 기도에 정진했다.

　14일쯤 되는 어느 밤이었다. 기도하다가 '환상' 이 보였다. '큰 살모사 뱀이 그 정신병 환자 속에서 나오기에 나는 몽둥이로 뱀을 때렸더니 그 뱀은 멀리 도망가고 말았다.' 이 환상을 본 후 그는 온전한 정신으로 자기 집으로 돌아갔다.

이 일로 인해 동네에서는 잔치가 열렸고 "과연 하나님은 살아계시다."고 사람들은 말했던 것이다. 그로 인해 불신자들이 교회로 몰려들었고 하나님의 영광은 하늘에 충천했으며 고침 받은 그분은 후에 교회의 재정집사님까지 되셨으니 얼마나 기쁘랴? 이것이 바로 사도행전의 역사라고 믿고 싶다.

• 육신은 잠이 들었어도 영혼은 깨어 기도함

아랫마을까지 교회는 멀고 또 이 동네에 교회건축의 필요성을 느끼면서 구병리 공동묘지에서 기도를 하기 시작했다. 저녁만 먹으면 혼자 기도하러 갔고 새벽에는 돌아와 집에서 예배를 드렸다. 젊을 때나 지금이나 변하지 않은 것이 하나 있는데 내가 기도를 드릴 때는 무릎을 꿇고 큰소리로 '발성' 기도를 한다는 사실이다.

이미 산에서 밤새워 기도했기에 새벽에 돌아와 예배를 드리면 피곤한 것은 당연한 것이다. 나중에 내 아내가 말하는 것을 들었다. "당신은 분명 잠들었는데 입으로 기도소리가 나니 이 어찌된 일이요?" 즉, 내 육신은 잠들었어도 영혼만은 깨어서 기도했다고 본다. 아마 이런 경험은 나뿐만 아니고 많은 성도님들이 경험해 보았으리라 생각한다.

이와 같이 성령도 우리 연약함을 도우시나니 우리가 마땅히 빌 바를 알지 못하나 오직 성령이 말할 수 없는 탄식으로 우리를 위하여 친히 간구하시느니라 마음을 감찰하시는 이가 성령의 생각을 아시나니 이는 성령이 하나님의 뜻대로 성도를 위하여 간구하심이니라(롬8:26-27).

• 살모사에 물려 죽어갈 때 나의 신앙고백

어느 날 나는 풀밭 길을 걷고 있는데 살모사가 발목의 혈관을 물었다. 이 뱀에게 물리면 100명 중 99명은 다 죽게 되는 아주 무서운 뱀이다. 그 즉시 나는 온 몸이 새카맣게 부어 고무풍선처럼 되고 말았다.

나는 겨우 걸어 집으로 돌아와서 쓰러졌다. 삼거리에 있는 어떤 사람이 칼로 내 다리의 혈관을 잘못 건드렸는데 그 피가 하늘로 솟았고 3일간 계속 피는 나왔다. 즉 전신의 피를 다 쏟았고 기력을 회복할 수 없게 된 것이다. 그때가 여름이었는데 온 방이 피 썩는 냄새로 가득했다.

나는 손가락 하나 움직일 수 없는 식물인간이 되고 말았다. 온 동네 사람들은 다시 말하기 시작했다.
"저 집 김상호네 말이야."
"무슨 말인가?"

"저 집 망했어."

"왜?"

"이번엔 살모사에게 물렸다나봐?"

"살모사에게 물리면 죽은 거네."

"그렇지."

"살아날 수가 없겠는걸?"

"이번에는 힘들 거야."

"지난번에는 산신을 버리고 예수 믿다가 1년 만에 여섯 남매가 죽었잖아."

"그렇지."

"이제는 불가능이야."

"그러게 말이야."

"이제는 살모사에게 물려 김상호는 죽게 된 거야!"

"4대 독자라며?"

"그렇다니까."

"그래서 종교를 함부로 바꾸면 안 되는 거야, 한번 믿은 신을 끝까지 섬겨야지 도중에 바꾸면 그 신이 해코지하는 거야, 이런 말 못 들어봤나 자네들?"

"맞아, 들어봤어, 도중에 신을 바꾸면 가정에 우환이 따른다고 우리 조상들도 말해왔고 우리들도 잘 아는 거 아니야."

"맞아"

온 동네 사람들은 살모사에게 물려죽게 된 것은 '산신'을 버린 증거라고 이구동성으로 말하곤 했다.

그때 무당 하던 누님이 구병리에 찾아와서 이렇게 말했다.

"상호야"

"네"

"이제라도 '야소'를 버려라. 네가 살 수 있는 마지막 방법이다."

"무슨 말이세요?"

"너는 이러다가는 죽어. 너는 우리 집안의 4대 독자야, 정말 내말 들어야 한다. 이제 '야소교'를 버리고 '굿'을 해서 '산신'을 달래고 막혔던 것을 풀어야지, 그렇지 않으면 살 수가 없어."

정말 환장할 일이었다. 예수 믿고 1년 만에 여섯 자식이 죽었는데 이제 나까지 살모사에 물려 하루 앞을 내다 볼 수 없으니 말이다. 나와 함께 하신다는 그 하나님께서는 왜 나를 고쳐주시지 않는 것이며, 무당인 누나는 나에게 하나님을 버리라고 호통치고 있으니 도대체 나는 어떡해야만 하는가? 나는 말할 수 없는 고통 속에 몸부림쳤다. 나는 말이 살아있는 것이지 산사람이라고 볼 수 없는 형편이었다. 누나는 계속 예수를 버리라고 호통 치며 집 안팎을 씩씩거리며 돌아다니는 것이었다.

"상호야 내가 다시 한번 너에게 말한다. 너는 야소를 버리고 아버지가 섬기던 산신을 섬겨야 한다!"

"그렇게는 못 합니다!"

"뭐라고?"

"나는 이렇게 죽어도 예수 믿습니다."

"너 정신이 있는 거냐?"

"그런 말 하려거든 다시 내게 오지 마세요!"

"이 개새끼 죽어도 장례 치루지 마세요!"

누님은 내 아내에게 이렇게 말하고, 내게 침을 '퉤퉤' 뱉고 문을 발로 차며 무당답게 집을 떠나갔다.

내가 죽게 되었다는 소식에 둘째 누님도 어려운 발걸음을 했다.

"상호야, 얼마나 힘드냐?"

"네……"

"이제라도 예수 버리고 산신을 섬겨라, 산신이 노한 것이 틀림없 잖니 그렇지 않고서야 육남매가 어떻게 단번에 죽었겠으며, 살모 사가 왜 너를 물었겠니? 길을 막고 물어봐도 산신이 노한 것이다. 네가 우리 집안의 4대 독자인데 예수 믿어 우리 집안이 씨가 말라 지면 되겠니? 너만이라도 살아야지 너 없으면 나는 무슨 낙으로 사 니, 정말 부탁이다. 예수를 버려라 상호야 부탁이다."

누님은 나를 붙잡고 흐느껴 울었다.

"누님이 저를 생각해서 하시는 말씀이라고 생각합니다. 그러나 나는 예수님밖에는 없습니다. 내가 오늘 죽어도 여한이 없으며 후 회가 없습니다."

그 때 누나는 자기 말이 씨가 안 먹히는 것을 알고는 고개를 좌우로 흔드는 것이었다.

나는 겨우 정신을 차리고 누나에게 마지막 말을 했다.
"누님 제가 하고 싶은 말이 있습니다."
"뭔데?"
"누님도 예수 믿고 구원 받으세요."
"뭐라고?"
누나는 노발대발하며 자기 집으로 돌아갔다. 이제는 누구하나 찾아오는 사람이 없는 적막한 곳이 되고 말았다. 이렇게 외로운 날이 계속되고 있을 때 나는 드러누워 살아계신 하나님께 기도했다.

"하나님 이제는 이 시련이 내게서 지나가게 하옵소서. 이제는 나를 구원하사 원수들의 조롱거리가 되지 말게 하옵시며, 하나님의 영광만 드러나게 하옵소서.", 내 심령 깊은 곳으로부터 나온 기도였고 또한 뜨거운 눈물이 한없이 쏟아져 나왔다.

기도는 계속 이어졌다.
"나는 죽어도 좋으나 하나님 영광 가리우니 나를 살려주셔야 하며 한번만 저에게 기회를 주신다면 남은 생애를 주를 위해 살겠나이다." 이렇게 기도하다가 잠이 들었는데 꿈을 꾸게 되었다.
경찰들이 나를 체포하려고 집에 왔다.

"김상호"

"네"

"수사할 것이 있으니 파출소까지 가자."

"나는 죄지은 것이 없는데요?"

"죄가 있는지 없는지는 파출소에 가면 알 거 아냐?"

경찰들은 나의 손에 수갑을 채우고는 파출소까지 끌고 갔다. 파출소에 도착한 경찰은 파출소 소장에게 보고를 했다.

파출소 소장이 말했다.

"김상호? 아니, 이 사람은 왜 데리고 왔어?"

"예~"

"이 사람은 죄목이 없어 돌려보내!"

"예, 잘 알겠습니다."

"죄송합니다. 우리가 사람을 잘못 보았습니다. 이제 돌아가셔도 됩니다."

그리고 나는 파출소에 풀려나서 집으로 돌아왔다.

그 꿈을 꾸고 난 후부터 내 몸에 변화가 오기 시작했다. 또한 내 심령 깊은 곳에서부터 믿음이 오기 시작했다. 그런데 이 믿음은 내가 믿으려고 애쓰는 내 방편의 믿음이 아니라 주님께로부터 오는 믿음 즉 '믿어지는 믿음'이 오기 시작했다.

너희가 그 은혜를 인하여 믿음으로 말미암아 구원을 얻었나니 이것이 너희에게서

난 것이 아니요 하나님의 선물이라(엡2:8).

내 마음 깊은 곳으로부터 들려오는 음성이 있었다. "너는 산다. 너는 살 수 있다." 이러면서 누워서 계속 기도에 정진하고 있었다. 그러던 어느 날 기도 중에 주님이 찾아오셨다. 내 손을 잡아주시며 말씀하셨다.

"내가 너를 사랑한다."

"네"

"내가 너에게 힘을 주노라, 이제 일어나거라!"

그제서야 나는 6개월간의 죽음의 터널에서 빠져 나올 수 있었다.

그 때 동네 사람들은 이구동성으로 "하나님이 살아계셔!"라며 동네환자들이 또 다시 몰려오기 시작했다. 사실 살모사에게 내가 물렸을 때 가족들도 나의 아내도 이미 죽은 사람이라고 생각했다. 즉, 나는 어느 누가 봐도 죽을 수밖에 없었지만 하나님께서 살려주신 것이다.

그 당시 죽음의 터널을 지날 때 내 아내의 기도를 들어보겠다.

"하나님 예수 믿고 육남매 데려가신 것도 견딜 수 없는 시련인데, 이제 마지막 남은 남편마저 데리고 가신다면 하나님 영광 가리웁니다. 살려주십시오." 이렇게 6개월간 눈물 흘리며 나를 위해 기도했다. 즉 나의 아내의 눈물의 기도를 하나님께서 받으신 것이다.

여호와여 나의 기도에 귀를 기울이시고 나의 간구하는 소리를 들으소서(시86:6).

의인이 나를 칠지라도 은혜로 여기며 책망할 지라도 머리의 기름같이 여겨서 내 머리가 이를 거절치 아니 할지라 저희의 재난 중에라도 내가 항상 기도하리로다(시 141:5).

• 순교의 현장, 1분 기도 후에 죽여라

성전이 없었기에 공동묘지에 가서 하나님께 '성전부지'를 달라고 날이면 날마다 부르짖었다. 그러던 어느 날 밤 '환상'을 보게 되었다. '보은 군수가 오셨기에 돗자리를 깔아드리고 영접해 드린 것'이다. 기도를 마치고 집에 돌아왔는데 그 이튿날 친척 중 한 사람이 교회 부지를 기증했다.

더욱 힘을 얻은 나는 내가 전도한 성도들과 더불어 더욱 기도에 매달렸다. 교회를 지으려 해도 돈이 없어서 산에 가서 '성전 대들보용' 나무를 베어왔다. 얼마 후에 보니 윗집 사람이 그 '대들보'를 가져다가 옥수수 말리는 용도로 사용하고 있었다. 성전 대들보를 저렇게 사용하고 있는 것을 보고 마음이 몹시 아팠다.

그래서 기도를 하는 중에 주님이 말씀하시었다.
"그 대들보를 찾아와라."
"주지 않는데요?"

"찾아와야 한다. 거룩한 성물이다. 내 명령이다!"

그 다음날 찾아가서 말했다.

"이 나무는 성전 대들보용으로 우리 성도들이 산에서 베어온 것입니다, 돌려주십시오."

"생사람 잡지 말라"하면서 펄쩍 펄쩍 뛰는 것이었다.

"교회나무입니다."

"우리나무일세"라고 그들은 분노하며 말했다.

하도 우겨서 더 이상 상대가 되지 않아 돌아와서는 오직 하나님께 기도만 했다.

"하나님, 저 나무는 이미 구별된 대들보인데 저들이 자기네 것이라고 저렇게 우기니 어찌하면 좋겠습니까? 주님 역사하여 주옵소서." 이렇게 부르짖었다. 하나님은 우리의 기도에 응답하시었다, 그 집에는 큰 소가 있었는데 외양간에서 뛰쳐나와 항아리에 가득 담긴 보리쌀, 두말을 정신없이 먹더니 배가 남산만 해졌고 배가 터져서 죽고 말았다.

그 집에서 벌떼처럼 우리 집에 몰려들었다. 무슨 내용인 줄 모르고 멍하니 그들을 바라보고 있었다. 성난 그들은 마치 우리 집의 모든 것을 때려 부셔버릴 것만 같은 자세로 버티고 있는 것이다.

"왜 그러십니까?"

"왜?"

"용건을 말씀하십시오."

"너희들이 공동묘지에서 우리 소 죽으라고 기도했지?"

"우리는 그런 기도는 안 합니다."

"안 하긴 뭘 안 해! 그렇지 않고서는 저 소가 죽어 나자빠지지 않아!"

세상에 살다보니까 별일도 다 있었다. 말도 되지 않는 생트집으로 우리 가족을 위협하는 것이다.

그러는 중에서도 분명히 다시 밝혀야 할 것이 있어 그 위급한 상황 속에서 말을 했다.

"그 나무를 돌려주십시오, 그 나무는 당신의 것이 아닙니다."

"뭐라고?" 그들은 물러설 기세 없이 버티고 서서 자기네 것이라고 소리치고 난리이다. 그들은 씩씩거리며 대문을 발로 차며 자기 집으로 돌아가는 것 같았다.

조금 후에는 동네 '이장'을 비롯해 많은 사람을 이끌고 집으로 쳐들어왔다. 그러면서 나무 가져간 장본인이 많은 사람들 앞에 일장 연설을 하는 것이었다.

"동네 여러분, 예수쟁이들을 동네에서 쫓아내야 합니다. 동네를 시끄럽게 하고 분위기를 흐트러뜨리니 내쫓아야 합니다!"

그는 이런 식으로 동네 사람들에게 동의를 구하고 있었다.

그 동네 사람 중에는 나와 함께 신앙 생활하는 사람들도 있었다. 그런데 그 분위기가 점점 그 사람 중심으로 기우는 것이 아닌가.

"김상호가 믿는 예수를 믿지 않겠다는 사람만 이 동네에 살고, 예수 믿겠다는 사람은 이 동네를 떠나야 합니다!"

그때 나와 같이 신앙생활을 하던 믿음의 사람들이 신앙을 포기하고 다시 산신을 섬기겠다고 했다. 즉, 예수를 안 믿겠다는 것이다.

그 와중에 '그래도 예수를 믿는다'고 했다가 사람들이 몰려들어 구타하는 바람에 이가 부러지고 얼굴과 머리가 깨어지는 사람도 있었다. 물론 이런 어려움 속에서도 신앙을 지켜 승리한 자도 있었다.

우리가 너희 승리로 인하여 개가를 부르며 우리 하나님의 이름으로 우리 기를 세우리니 여호와께서 네 모든 기도를 이루시기를 원하노라(시20:5).

이러면서 시간은 가고 있었다. 그때 옆집여자가 헐레벌떡 뛰어와 하는 말이 이랬다.

"어서 도망가세요!"

"뭐라고요?"

"도망가라니까요!"

"왜요?"

"아니, 글쎄. 지금 길게 얘기할 시간이 없어요, 도망가야 됩니다."

"그렇게는 못 합니다."

그때 나는 무릎을 꿇고 주님께 기도했다. "주님 이길 수 있는 힘을 주옵소서."

조금 후에 동네 사람들과 '소 주인' 동생이 술을 잔뜩 마시고 손에는 낫을 들고 휘두르면서 나타난 것이다.

"김상호, 나와라! 죽여버리겠다!"

작정하고 온 것 같았다. 살기가 등등하고 무슨 일을 내도 낼 것만 같은 분위기이다. 동네 사람들도 무슨 좋은 구경이라도 하듯이 호기심으로 우리 둘을 번갈아 보며 다음에 진행될 사건들을 생각해 보는 것 같았다.

그 순간 막다른 골목, 절박한 순간에 기도했다.

"주님 말씀해 주세요. 어떻게 해야합니까?"

"두려워하지 말아라! 내가 너와 함께 하리라, 담대하라."

나는 문을 박차고 뛰어나갔다. 그 상황들이 두려웠지만 주님의 말씀을 생각하면서 나는 속으로 '주님 힘을 주세요, 연약한 나를 붙잡아 주세요'라고 기도하며 나갈 때 '온몸에 강한 전류'가 흐르는 듯 주님의 능력이 임하는 것을 느꼈다. 낫을 휘두르며 다가오는 그에게 말을 했다.

"나를 죽이되 일분만 기도한 후에 죽여라!"

그래서 나는 하나님께 무릎을 꿇고 큰소리로 기도했다.

"하나님, 나는 성전도 못 짓고 오늘 하나님 나라로 가게 되었습니다. 나는 가지만 저 형제를 감동시키셔서 나를 대신하여 성전을 세우게 하소서 저 형제를 불쌍히 여겨 주옵소서!"

이렇게 기도할 때 내 눈에서는 눈물이 한없이 흘렀고 마음에는 알 수 없는 기쁨이 넘쳐났다. 그러는 순간 하늘로부터 강한 힘이 오는 것이 아닌가? 나는 그 자리에 벌떡 일어나 하늘을 향하여 외쳤다.

"주여" 이 큰소리에 낫을 휘두르던 청년이 뒤로 나자빠지는 것이 아닌가? 다시 보니 그는 거품을 흘리며 간질 환자처럼 되고 말았다. 그것을 구경하고 있던 동네 사람들은 그를 업고 나갔다. 모였던 동네 사람들이 각자 집으로 돌아가며 이렇게 말했다.

"야소신이 이겼어!"

엘리야가 저희에게 이르되 바알의 선지자를 잡되 하나도 도망하지 못하게 하라 하매 곧 잡은지라 엘리야가 저희를 기손시내로 내려다가 거기서 죽이니라(왕상18:40).

• 예수를 부인한 자들을 다시 찾아가다

나는 다시 무릎을 꿇고 하나님께 감사의 기도를 올렸다, 이기게
하신 그 분께 영광을 돌린 것이다. 그리고 나는 지체할 수가 없었
다, 예수를 부인한 한 사람 한 사람을 찾아다니며 권면하고 기도해
주며 위로해주었다. 그래서 다시 하나님 품으로 돌아오게 된 것이
다. 그리고 그날 밤 우리들은 공동묘지에 모여 하나님을 찬양하며
밤새워 기도할 때 성령의 불이 우리들 가슴속에 뜨겁게 쏟아졌고
우리는 서로서로 끌어안고 눈물 흘리며 감사의 기도를 올렸다.

눈물을 흘리며 씨를 뿌리는 자는 기쁨으로 거두리로다(시126:5).

형제가 연합하여 동거함이 어찌 그리 선하고 아름다운고(시133:1).

• 원수에게 그리스도의 사랑을 실천하다

하나 특기할 사항은 거품을 물고 쓰러졌던 자의 아버지가 갑자기 죽었다는 것이다. 어찌 보면 '원수'의 집이다. 그럼에도 불구하고 나는 쌀 두 말을 가지고 조문을 갔다. 그리고 3일장을 치를 때까지 일을 도왔으며, 관을 메고 산에 오르고 장지까지 갔다.

나를 보는 사람들의 의견이 둘로 나뉘었다. 한 부류는 예수쟁이가 이 집에 와서 일하니 재수가 없다는 것이고, 또 다른 하나는 '예수쟁이는 뭐가 달라도 달라'라는 것이었다. 내가 초상집에 간 것은 그들의 생각과는 달리 오직 주님 한분 때문에 간 것이다. 무슨 일을 할 때 주님만 보면 시험에도 안 들고 은혜가 넘쳐난다. 그러나 사람보고 하면 시작하는 그 순간부터 마귀의 그물망에 걸려 허덕이게 된다.

내가 그리스도를 본 받는 자 된 것 같이 너희는 나를 본 받는 자 되라(고전11:1).

•논을 팔아 성전을 건축하다

내가 기도하여 하나님께 응답을 받고 논을 팔아 교회를 건축하려는데, 이 사실을 안 동네 사람들은 하나같이 말을 했다.

"자네 소식 들었나?"

"무슨 소식?"

"김상호가 미쳤다는군."

"어떻게 미쳤는데?"

"이제는 말이야, 예수한테 완전히 미쳐버린 거야."

"아니 어떻게 미쳤냐고, 옷을 벗고 돌아다니던가?"

"그렇게 미친 것이 아니고, 논을 팔아 우리 동네에 교회당을 세운다는 거야!"

"그렇게까지는 안 봤는데, 정말 미쳤군."

그렇다 나는 이미 예수 앞에 미쳐버린 사람이다. 내 가정의 상황을 보시면 알겠지만 내가 미치지 않고서야 어떻게 살아갈 수 있겠는가? 예수 안 믿었다면 정말 미쳐서 이 산골짝 저 산골짝 중얼거리고 돌아다녔을 것이다. 내가 당한일 앞에 온전히 다닐 수 있는 사람은 아마 몇 사람 안 될 것이다. 그런데 내가 미쳐도 예수 안에 미쳤기에 나는 행복한 사람이고 복 많이 받은 사람이 된 것이다.

우리가 만일 미쳤어도 하나님을 위한 것이요 만일 정신이 온전하여도 너희를 위한 것이니(고후 5:13).

우리가 살아도 주를 위하여 살고 죽어도 주를 위하여 죽나니 그러므로 사나 죽으나 우리가 주의 것이로다(롬14:8).

위에 참조한 바울선생의 글은 내 상황을 대변해 주는 것이라 생각하니 눈물만 흐르고, 또한 그의 고뇌는 나의 고뇌라고 볼 수 있다.

나는 인건비를 아끼려고 애를 썼다. 구병리에서 보은까지 왕복 200리인데 당시에 자동차가 있긴 했지만, 흔치 않는 때이고 산골짜기까지는 버스가 안 다니던 시절이다. 그래서 나는 지게를 가지고 100리를 걸어가서 보은의 목공소에서 성전문짝을 내가 질 수 있는 만큼 지게에 지고 다시 교회로 오는 것이다.

지금 말로 하니까 쉽지 그것은 결코 쉬운 것이 아니었다. 100리를 걸어간 것도 보통 힘든 것이 아닌데 이제 거기서 다시 시작해서 그 무거운 문짝을 지고 온다는 것은 말이다. 나는 모든 것을 잊고 짐을 지고 오는 중이었는데 발에 무언가 날카롭게 박히는 느낌이

들었다. 그러나 이미 상황은 끝난 것이다.

그 당시 동네아이들이 엿장사 리어카 타이어를 펑크 낸다고 송판
에 못을 박아 땅에 숨겨 놓고는 했는데 그것을 내가 밟은 것이다.
그 무거운 짐과 지게의 힘으로 못은 깊게 내 발속으로 들어간 것이
다. 나는 주저앉아 발에 박힌 못을 빼고 너무 고통스러워하고 있을
때였다. 그때 머리에 가시관을 쓰시고 양손에 못 박힌 예수님이 나
타나신 것이다.

"힘들지?"
"아닙니다."
"내가 너와 함께 하마, 네가 기쁠 때도 함께 하지만 네가 고통스
러워 할 때도 나는 너와 함께 한단다. 하늘나라에서 너의 상이 클
것이다."
"주님 고맙습니다."
그 때 주님은 나를 뜨겁게 포옹해 주셨다.

발에 박힌 못을 빼고는 특별한 조치 없이 교회를 향하여 걷기 시
작했다. 그런데 이상한 일이 벌어졌다. 누군가가 내 앞에서 무엇을
지고 가는 것이다. 그래서 다시 자세히 살피니 예수님이 아니신가?
그 주님이 십자가를 지고 내 앞서 가시는 것이 아닌가?
"오, 주님! 어찌 된 일이옵니까?"

"내가 너와 함께 한다고 하지 않았더냐!"

우리에게 있는 대제사장은 우리 연약함을 체휼하지 아니하는 자가 아니요 모든 일에 우리와 한결 같이 시험을 받는 자로되 죄는 없으시니라(히4:15).

이에 예수께서 제자들에게 이르시되 아무든지 나를 따라오려거든 자기를 부인하고 자기 십자가를 지고 나를 좇을 것이니라(마16:24).

이렇게 나는 주님 뒤를 따라가고 있었고 내 신발에는 붉은 피가 흥건히 젖어있었다. 그런데 이상한 것은 발의 통증이 없는 것이다.

나는 예수님의 뒤를 따라가며 이런 찬송을 불렀다.

천성에 가는길 험하여도 생명길 되나니 은혜로다 천사날 부르니 늘 찬송하면서 주께 더 나가기 원합니다.

지금 생각해도 이런 주님의 은혜가 어디 있겠는가? 대못이 박힌 것이 그냥 우연이었겠는가? 진정 그렇지 않다고 본다. 하나님의 깊으신 섭리가 있었던 것이다. 그것을 통하여 주님의 십자가의 고통을 백만분의 일이라도 느꼈으니 다만 그 은혜가 고맙고 감사할 뿐이다.

주님을 따라 교회까지 오니 날이 이미 훤하게 밝아지고 있었다. 왕복 200리 길을 나홀로 갔다온 것이 아니라 주님과 함께 산골짝

굽이굽이를 돌았던 것이다.

캄캄한 밤에 다닐지라도 주께서 나의 길 되시고 나에게 밝은 빛이 되시니 길 잃어버릴 염려없네. 하늘의 영광 하늘의 영광 나의 맘속에 차고도 넘쳐 할렐루야를 힘차게 불러 영원히 주를 찬양하리((통)찬송가502장).

세상에서도 사랑하는 사람과 함께 걷는 길은 힘들지 않고 기쁘고 즐겁다. 하물며 나의 영원한 신랑되시는 그 분과 함께 걷는데 얼마나 좋으랴 주님과 함께라면 나는 지옥이라도 두렵지 않다.

그 후로 하나님께서 치료의 광선을 발하셔서 깨끗하게 치료해 주셨다.

내 이름을 경외하는 너희에게는 의로운 해가 떠올라서 치료하는 광선을 발하리니 너희가 나가서 외양간에서 나온 송아지 같이 뛰리라(말4:2).

첫 성전을 지을 때 산골짝은 지금시대와 같은 벽돌이 아니고 흙으로 만든 벽돌이었다. 양쪽의 벽을 다 쌓아 놓은 상태였고, 이제 지붕만 씌우면 되는 것이다. 그런데 그날 밤 폭우가 쏟아졌다. 그래서 다 무너지고 말았다. 내 마음은 갈기갈기 찢어지는 것 같은 고통이 찾아왔다.

그 일을 보면서 하나님의 성전을 짓는 것은 보통정성이 아니면 안 된다는 것을 알았다. 그래서 하나님께 더 많이 무릎을 꿇고 기도를 했다. 1년 후에 하나님의 성전이 구병리에 지어지게 된 것이다. 얼마나 감격스러운 일인가? 산제당 만들어 놓고 1년에 두 번씩 제사를 드리는 산골마을에 하나님의 성전이 세워지다니…….

이 성전이 세워지기까지 나의 육남매의 핏값이 고스란히 담겨져 있는 것이요, 나와 우리 가족과 성도들의 기도와 눈물과 희생이 섞여 있는 것이다. 비록 조그만 예배당임에도 불구하고 우리 믿음의 식구들은 얼싸 안고 좋아하며 성전을 주신 하나님께 감사의 찬양과 기도를 올렸다, 이것은 우리 성도들과 나의 피눈물의 결산인 것이다.

여호와께서 그 성전에 계시니 여호와의 보좌는 하늘에 있음이여 그 눈이 인생을 통촉하시고 그 안목이 저희를 감찰하시도다(시11:4).

• 나의 집 사랑방이
   교역자 숙소가 되다

　교회는 건축되었지만 사택이 준비되어 있지 않아서 나의 사랑방에서 교역자를 모시게 되었다. 나의 아내는 약 5년간 교역자님들 식사를 해드리게 되었다. 나는 어느 누구에게서도 교역자를 어떻게 모셔야 하는 것에 대해 배워본 적이 없다. 왜냐면 내가 이 동네에서 처음 예수 믿은 사람이기 때문이다.

　다만 하나님의 말씀을 보면서 그리고 기도하면서 하나님의 주시는 깨달음을 실천했을 뿐이다. 한 예로, 시장에 갔을 때 고등어 한 마리를 사면 교역자님에게도 똑같이 사고, 옷을 사도, 과일을 사도 그렇다. 이것은 50년이 지난 지금까지 지켜오고 있는 일이다.

　나는 주의 종님을 모실 때 주님이 보내신 사자로 믿고 있으며 또한 주님처럼 생각하고 있다. 이것은 내 생각으로 말하는 것이 아니라 주님이 주신 깨달음이라고 보아야 할 것이다.

너희를 인도하는 자들에게 순종하고 복종하라 저희는 너희 영혼을 위하여 경성하기를 자기가 회계할 자인 것같이 하느니라 저희로 하여금 즐거움으로 이것을 하게하고 근심으로 하게 말라 그렇지 않으면 너희에게 유익이 없느니라(히13:17).

• 내가 비 오는 날 하는 일

산골 마을에 비가 오면 농사를 지을 수가 없다. 그렇다고 잠자거나 쉬는 것이 아니다. 이런 날은 계속 성경을 보는 것이다. 얼마나 그 말씀들이 오묘하고 신비한지 시간가는 줄 모르겠다.

저희가 서로 말하되 길에서 우리에게 말씀하시고 우리에게 성경을 풀어 주실 때 우리 속에서 마음이 뜨겁지 아니하더냐 하고(눅24:32).

이에 저희 마음을 열어 성경을 깨닫게 하시고(눅 24:45).

또 한편으로는 십일조 드릴 것을 계산하는 것이다. 나는 하나님 앞에 드릴 때 1원까지 계산하여 드린다. 그러기에 십일조 계산은 간단치 않았던 것이다.

너희 번제와 너희 희생과 너희의 십일조와 너희 손의 거제와 너희 서원제와 낙헌 예물과 너희 우양의 처음 낳은 것들을 너희는 그리로 가져다가 드리고(신12:6).

사람이 어찌 하나님의 것을 도적질 하겠느냐 그러나 너희는 나의 것을 도적질하고도 말하기를 우리가 어떻게 주의 것을 도적질하였나이까 하도다 이는 곧 십일조와 헌물이라(말3:8).

• 첫 열매는 무엇이든지 하나님께

나는 농사를 지으면 첫 열매는 무조건 하나님께 드린다. 내가 옥수수농사를 지을 때였다. 큰 아들이 동생과 함께 옥수수를 따서 구워 먹은 것을 알게 됐다.

"옥수수 구워먹었냐?"

"옥수수는 본 적도 없고 밭에 가지도 않았습니다."

"그래 정말이냐."

"그럼요, 안 먹었습니다."

나는 고민하기 시작했다. 어떻게 해야 할 것인가? 그까짓 옥수수 몇 개 구워먹은 것 가지고 아이에게 무어라 말하는 것은 좀 심하지 않은가? 그냥 지나갈까? 하는 생각도 마음 한쪽 구석에 있었지만 이것은 간단한 문제가 아니고 심각한 일이라 볼 수 있다. 이것은 우리가 농사를 짓는 것이지만 아직 첫 열매를 하나님께 드리지 않은 것이다. 이 첫 열매를 하나님께 드리지도 않은 상태에서 옥수수를 따서 구워먹은 것은 도저히 용서가 되지 않았다.

이 일을 가만히 놔둔다면 저 아들을 '아간'으로 만드는 결과를 가져오게 된다. 결코 내 아들을 그렇게 만들고 싶지 않았다.

여호수아가 이스라엘 모든 사람으로 더불어 세라의 아들 아간을 잡고 그 은과 외투와 금덩이와 그 아들들과 딸들과 소들과 나귀들과 양들과 장막과 무릇 그에게 속한 모든 것을 이끌고 아골 골짜기로 가서(수7:24).

나는 마음이 몹시 아팠지만 아들을 골방으로 끌고 가서 2시간이나 매질을 했다. 이 아들에게 그의 일생을 사는 동안 이 일을 각인시키기 위한 것이었다. 다른 것에 대해서는 내가 용납을 할 수 있지만 하나님에 대한 것은 일치의 양보도 있을 수가 없었다. 그 아들이 얼마나 맞았는지 온몸이 퉁퉁 부었고 이틀간이나 학교를 쉬어야 했다. 지금도 이일에 대하여는 후회가 없다.

대저 여호와께서 그 사랑하시는 자를 징계하시기를 마치 아비가 그 기뻐하는 아들을 징계함 같이 하시느니라(잠3:12).

아들을 때리고 내 자신도 마음이 아파, 이틀간이나 농사일을 손대지 아니했다. 그 아들의 영혼을 위하여 기도했고 그 아들은 목회를 잘하고 있고 그때의 아비의 마음을 십분 이해하리라 본다.

•항아리 속에서 찾은 아들

    나는 주일날 헌금할 수 있도록 미리미리 준비케 하고 가족들에게
도 그렇게 훈련시켰다. 어느 날이었다. 주일학교 선생님이 내게 묻
는 것이다.

    "아드님이 요즘 헌금을 안 합니다."

    "헌금을 안 드린다고요?"

    "네"

    "그럴 리가 없습니다."

    "한번 확인해 보시기 바랍니다."

    나는 다시 누구로부터 망치로 얻어맞은 충격이 왔다. 어떻게 된
것인가? 하나님께 드려야 할 예물을 드리지 않다니? 있을 수 있는
일인가? 나는 벌벌 떨리는 마음으로 아들이 학교에서 돌아오기를
기다렸다.

    "너 주일날 헌금하니?"

"그럼요, 잘 하고 있습니다."

"그런데 주일학교 선생님은 너 하지 않는다고 하시던데, 너 또 아빠한테 거짓말 할래?"

아무 대답도 못하는 아들을 끌고 골방으로 가서 한참 동안 혼낸 후에 집에서 내쫓았다. 사실 그때도 저 아들을 그냥 놔두면 하나님 앞에서 도적놈으로 만드는 것이라 생각했기에 그랬던 것이다.

구병리 마을에 저녁이 찾아왔다. 집집마다 아궁이에 불을 때 초가집의 굴뚝마다 뽀얀 연기가 하늘로 올라가고 있었다. 즉 초저녁이라 저녁밥 짓는 것이다. 나는 낮에 아들을 때린 일로 마음 아파하며 밥을 잘 차려놓고 아들이 오기를 기다렸다. 그러나 돌아올 줄 알았던 아이는 저녁시간이 지나 밤 11시가 되도록 돌아오지 않았다.

나는 동네 사람들과 함께 횃불을 만들어 가지고 깊은 산골짝 그리고 가볼만할 장소를 다 찾아 다녔지만 허사였다. 동네 사람들과 나는 이제 지쳐서 툇마루에 잠들어 버렸다. 벌써 산골 마을에도 아침이 찾아왔다. 그러나 돌아와야 할 아들은 역시 오지 않았다.

나는 별의별 생각을 다했다. 그러다가 설마, 아니겠지…… 하면 할수록 더 견딜 수 없는 고통이 찾아왔다. 나는 기도했다. "하나님 우리아들이 꼭 돌아오게 해주세요, 살아서 돌아오게 해주세요." 아주 간절한 기도를 했던 것이다.

아침에 또 아들을 찾아 나섰다. 그러나 허사였다. 이제 집에 돌아 왔는데 낮 11시쯤 되었을까? 뜰 안의 빈 항아리 뚜껑이 살짝 열리면서 아들 모습이 보였다. 그러면서

"엄마!"하고 부르는 것이 아닌가?

아들은 마땅히 갈 곳도 없고 하니까 빈 항아리에 숨어버린 것이다. 그 좁은 항아리에서 밤새도록 잠을 자고 일어난 것이다.

그때 나는 죽었던 아들이 살아 돌아왔다고 생각하고 아들을 끌어안고 울었고 동네 사람들도 함께 기뻐했다.

이에 일어나서 아버지께 돌아가니라 아직도 상거가 먼데 아버지가 저를 보고 측은히 여겨 달려가 목을 안고 입을 맞추니(눅15:20).

• 나의 철저한 주일성수

　나는 예수 믿고 지금까지 즉 신앙생활 한 평생을 주일날 하는 '예식'은 무조건 가지 않는다. 그런 일이 있을 때면 전날 미리 가서 부조를 한다. 그러면 신자나 불신자 모두 다 좋아한다.

　또한 나는 주일날 본 교회를 떠나 다른 교회에서 예배를 드려본적이 없다, 이만큼 나의 본교회를 사랑한다는 말이요, 또 하나는 나를 통해 세워진 교회에서 죽는 날까지 주일 성수하려고 하나님께 작정했기 때문이다.

　주님은 나를 위해 하늘의 보좌를 버리고 갖은 고난과 고통을 당하시고 십자가에 못 박히셨는데 이 정도 일은 아무것도 아니라 생각한다. 오늘날 특별한 이유 없이 교회를 옮기는 성도들을 보면 나로서는 이해가 잘 되지 않는다. 내 구미대로 교회를 자꾸 옮기는것은 하나님이 바라시는 뜻이 아니라 본다. 나는 교회를 처음 건축하여 지금까지 약 50년간 한 교회를 섬겨왔다. 하나님의 은혜가 무조건 감사할 뿐이다.

안식일을 기억하여 거룩히 지켜라(출20:8).

그 다음 안식일에는 온 성이 거의 다 하나님의 말씀을 듣고자 하여 모이니(행 13:44).

•하나님의 성물 훔친 죄로
소 한 마리를 드리다

　나의 집에 비가 와서 지붕이 내려앉게 되었을 때 교회당 짓다가 남은 기둥을 가져다가 나의 집을 받치게 되었는데 그 날부터 3일간 많이 아프게 되었다.

　"하나님 나의 병을 고쳐주소서" 이렇게 기도했다. 이때 '환상'을 보게 되었는데, 주님이 내게 하시는 말씀이 이랬다.

　"왜 너는 나의 성물을 네 마음대로 네 집에 사용하느냐?"

　그때 하나님의 무서운 책망이 임했다. 나는 두려워 떨며, 어떻게 하나님께 보상할 것인가? 기도하는 중에 소 한 마리를 드리고 싶은 생각이 들었다. 어떻게 보면 나의 행동이 그렇게 책망 받지 않을 것 같이 보이지만 하나님께서 보실 때는 작던 크던 하나님의 물건을 내 마음대로 이용한 것은 용서받지 못할 일이었다.

　나는 이 사건을 계기로 하나님의 성물을 도적질하지 않겠다고 결심했다.

누구든지 여호와의 성물에 대하여 그릇범과 하였거든 여호와께 속건제를 드리되 너의 지정한 가치를 따라 성소의 세겔로 몇세겔 은에 상당한 흠 없는 수양을 떼 중에서 끌어다가 속건제로 드려서(레5:15).

오늘날 많은 성도들은 교회의 물건을 거룩히 여기기보다는 자신의 집의 소유물보다 함부로 다루고 덜 소중히 여기는 모습들을 많이 볼 수 있다.

• 나의 추수 감사절

나는 추수감사절이 되면 1년 농사 지은 모든 곡식의 십분의 일을 하나님께 바치게 된다. 쌀, 옥수수, 감자, 팥, 메밀, 콩, 깨 등등. 이 것을 아침부터 나르니까 동네 사람들은 또 이렇게 말했다.

"저렇게 하나님께 다 드리면 저 집은 망한다."

그리고 우리 아들도

"아버지"

"왜?"

"우리 집은 이상해요."

"뭐가?"

"저 앞집의 집사님은 쌀 한 말만 가지고 교회 가던걸요."

"그래서?"

"우리 집도 그렇게 하면 되지 않겠어요?"

나는 지난 날 예수 믿고 그 세계를 본 후부터 나의 신앙관은 철저히 하나님 중심으로 바뀌었다. 하늘나라 나의 창고에 '양말 열 켤레와 가마니 열장'은 나의 사고방식을 변하게 한 것이다. 그때부터 이 땅에 소망을 두지 않고 하나님께 두며 설령 내 모든 것을 다 드려 거지가 된다 할지라도 하나님께 드리는 것에 대하여는 소홀함 없이 하려고 갖은 노력을 다 하고 있다.

너희는 너희 하나님 여호와께서 자기 이름을 두시려고 한 곳을 택하실 그 곳으로 나의 명하는 것을 모두 가지고 갈지니 곧 너희 번제와 너희 희생과 너희 십일조와 너희 손의 거제와 너희가 여호와께 서원하는 모든 아름다운 서원물을 가져가고(신 12:11).

너는 너의 추수한 것과 너의 짜낸 즙을 드리기에 더디 말지며 너의 처음 난 아들들을 내게 줄지며
(출22:29).

• 교통사고 보상금으로
교회 봉고차 구입

나는 동네 사람들과 함께 보은에 비료를 사러 나갔다. 그때 술 먹
고 운전하는 어떤 청년이 앞에 있는 차를 피하려다 나를 치고 말았
다. 나는 대전의 큰 병원으로 실려 가는 상황에서 기도를 드렸다.

"하나님 감사합니다. 제가 아직 사명이 있어 죽지 않았습니다. 생
명을 구원해 주셔서 감사합니다."

이렇게 감사 기도를 드렸던 것이다.

범사에 우리 주 예수 그리스도의 이름으로 항상 아버지 하나님께 감사하며(엡
5:20).

나는 엉치뼈가 부러져서 1년간 병원신세를 졌다. 다리에 깁스를
할 수 없기에 한 다리를 묶어서 공중에 매달아 놓았다. 그때의 1년
간은 내 인생의 있어서 고통의 시간이기도 했지만 나에게는 보다
귀한 시간이었다. 이유는 농사꾼으로서 아침부터 해질녘까지 쉴
틈 없이 땀 흘리며 일을 했으며 밤에는 또 부르짖어 기도하고 정말
바쁜 인생을 살아왔다.

그런데 주님께서 나를 특별히 사랑하셔서서 더욱 많은 시간을 가지고 기도하고 성경보고 찬양드릴 수 있는 시간을 주신 것이다. 너무나 행복하고 즐거운 시간들이었다. 1년 후 3백 만원의 교통사고 보상금을 받게 되었다. 이 돈은 나의 핏값이라 볼 수 있다. 보상금을 내 개인 용도로 쓰고 십일조는 하나님께 드릴 수 있다. 이런 상황이라면 보통 크리스찬은 이렇게 할 것이다.

나는 깊이 기도했다. 어떡해야 할 것인가? 들려오는 주님의 음성이 있었다.

"다 드려라, 하나님께 다 드려라, 너의 핏값을 다 드려라, 나는 그것을 다 받기 원하노라."

주님의 음성에 순종하여 3백 만원 받은 돈을 다 드렸고 산골 마을교회에 봉고차가 없었는데 그것으로 차를 구입했다.

60대 초반에 대형 교통사고가 났음에도 불구하고 하나님께서 깨끗이 치료해 주셔서 오늘까지 사고 후유증 없이 잘 지내고 있으며 그 후로도 80kg의 쌀가마니를 '번쩍' 들어 올리는 데에도 전혀 문제가 없었다. 건강을 주신 하나님께 감사를 드린다.

한 가지 언급하고 싶은 것은 성도들 중에는 교통사고가 나면 불신자들보다 보상금을 더 받아 내려고 애쓰며 그 후에도 하나님께 드리는 것에 대하여는 너무 인색한 분들도 있는 것으로 알고 있다.

이런 경우는 죽음 속에서 구원함을 받은 것이기에 더욱 많은 부분
을 하나님께 드려 선교사역에 쓰여야 할 것이다.

• 교회 재정이 부족할 때마다 판 소들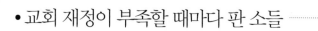

요즘 한국 교회의 재정을 맡은 분들 중에는 하나님의 재정을 자기 사업의 용도로 사용하고 어떤 경우는 횡령하여 도망가고 교회 재정을 가져간 후에는 갚지 않는 일들이 참으로 많은 줄 알고 있다. 또 어떤 교회에서는 선교헌금 담당자가 선교비를 보내지 않고 자기가 써버리는 경우도 있다. 이유는 선교비를 받는 쪽에서는 돈이 안와도 '이제는 선교비를 못 보내는 모양이다'라고 생각하지 '안 온다고 왜 안 보내느냐'고 전화하기가 쉽지 않다. 왜냐하면 받는 쪽이 약자이기 때문이다. 그래서 재정부에서는 '영수증'을 꼭 받아 두어야 한다.

하나님의 재정을 자기 개인의 용도와 횡령하는 자들은 하나님의 무서운 심판이 기다리고 있다.

베드로가 가로되 아나니아야 어찌하여 사단이 네 마음에 가득하여 네가 성령을 속이고 땅값 얼마를 감추었느냐(행5:3).

내가 시골에서 교회 재정을 40년 맡다보니 남기보다는 늘 재정이 부족했다. 나는 없는 재정을 어디 가서 빌리기보다는 나의 외양간의 소들을 팔아서 재정을 채우곤 했다. 나라고 해서 소들이 왜 아깝지 않겠는가? 아이들을 가르쳐야 하고, 살림도 해야 하고 쓸 것은 한도 끝도 없었다.

그럼에도 불구하고 교회 재정부족으로 하나님께 무릎 꿇어 기도하면 하나님께서는 나의 외양간의 소들을 생각나게 하셨다. 왜 생각나게 하신 것일까? 그것은 그 소들을 팔아 바치라는 것이 아니겠는가? 그때는 뒤도 돌아보지 않고 소시장으로 팔러가는 것이다. 내 영혼과 가족들을 구원해 주신 내 주님께 무엇을 못 드리겠는가? 나의 삶이 이랬다. 교회 재정을 횡령하는 자들에게 좋은 교훈이 되었으면 한다.

•양로원과 고아원 방문

나는 1년에 봄, 가을 두 번에 나눠 그 곳을 찾는다. 평생에 내 돈으로 양복을 사 입은 적이 없다. 그런 돈을 모아 놓았다가 오갈 데 없는 노인들과 고아를 돕는 것이다. 이런 것이 얼마나 보람된 것인가? 신명기 16장 14절에 보면 '절기를 지킬 때에는 너와 네 자녀와 노비와 네 성중에 거하는 레위인과 객과 고아와 과부가 함께 연락하되'라고 했고 , 야고보서 1장 27절에는 '하나님 아버지 앞에서 정결하고 더러움이 없는 경건은 곧 고아와 과부를 그 환난 중에 돌아보고 또 자기를 지켜 세속에 물들지 아니하는 이것이니라'라고 했다.

하나님의 관심은 사회의 약자들이다. 구약과 신약 성경의 많은 말씀들을 통하여 우리에게 '돌볼'것을 말씀하고 계신다. 우리 성도들은 이런 약자들을 나의 가족처럼 돌봐야 할 책임이 있는 것이다. 그렇지 않다면 진정한 성도가 아닌 것이다.

네가 밭에서 곡식을 벨 때에 그 한 뭇을 밭에 잊어버렸거든 다시 가서 취하지 말고 객과 고아와 과부를 위하여 버려두라 그리하면 네 하나님 여호와께서 네 손으로 하는 범사에 복을 내리시리라(신24:19).

그 거룩한 처소에 계신 하나님은 고아의 아버지시며 과부의 재판장이시라(시68:5).

•쌀 두 말과 장례식

　우리 동네에서 초상이 나면 쌀 두말을 갖다 드리고 그 초상집의 궂은 일을 도맡아 한다. 이유는 그리스도의 사랑을 전하기 위해서 이다. 요즘 말로만 크리스찬들이 얼마나 많은지 모른다. 입은 기독교인 인데 행동은 불신자보다 못한 경우가 많다. 그래서 예수 믿는 사람이 세상에서 욕을 먹는 경우가 많다. 자기만 욕먹으면 괜찮은데 성도들을 욕먹게 하고 더 나아가서는 하나님께 영광을 가리우게 하는 것이 아닌가?

　그래서 나는 예수 믿을 때부터 결심한 것이 있다. '행함 있는 성도가 되자. 행함 없는 믿음은 죽은 믿음'이라고 했는데, 즉 나의 행동 있는 신앙을 보여주자는 것이었다.

내 형제들아 만일 사람이 믿음이 있노라 하고 행함이 없으면 무슨 이익이 있으리요 그 믿음이 능히 자기를 구원하겠느냐(약2:14).
이와 같이 행함이 없는 믿음은 그 자체가 죽은 것이라(약2:17).

예전에 동네에 초상이 났을 때였다. 장지까지 따라갔는데 그 중에 술 먹은 사람이 절벽에 떨어져 죽게 되었다. 머리 절반이 깨져 피투성이였다. 어느 누구하나 거드는 사람이 없었다. 그때 나는 그를 들쳐 업고 산에서 내려와 또 초상을 치러 주었다. 동네 사람들은 이렇게 말했다.

"예수 믿으려면 김상호처럼 믿어야 돼."

"그럼 그렇게 믿어야지."

"진짜 예수쟁이야."

"그럼, 그렇구 말구."

이렇게 이구동성으로 말했던 것이다. 나는 행동하는 신앙인이 되고 싶다. 말은 필요 없다. 행동만이 있을 뿐이다.

지혜자의 마음은 초상집에 있으되 우매자의 마음은 연락하는 집에 있느니라(전 7:4).

• 매일 기도 10시간

예수 믿기 시작할 때부터 내 삶의 낙은 기도였다. 아랫마을의 교회가서 말씀을 듣고 와서는 나머지의 많은 시간은 하나님께 나의 사연들을 기도하는 것이었다. 그 기도하는 시간들이 그리워지는 것은 기도할 때 하나님께서 분명 응답하시기 때문이다.

내 기도하는 그 시간 그때가 가장 즐겁다 이 세상 근심 걱정에 얽매인 나를 부르사 내 진정 소원 주 앞에 낱낱이 바로 아뢰어 큰 불행 당해 슬플 때 나 위로받게 하시네(482장).

나는 산에서 기도하고 성전에서 기도하고 또 내 생활 속에 기도했다. 어느 날 밤 12시경에 주님이 '되박'을 가지고 나타나셨는데 그 안에는 쌀이 가득 담겨 있었다. 쌀이 희고 깨끗해야 하는데 오염이 되어있었고, 보기에도 더러웠다.

"주님 이것이 무엇입니까?"

"보면 모르느냐!"

"쌀이지요?"

"그렇지 쌀이지."

"그런데 쌀이 왜 이렇게 더럽습니까? 이 쌀로는 밥을 못하겠네요."

"그렇다. 이 쌀로는 밥을 하지 못한단다."

"그런데 무엇 때문에 이 쌀을 보여주시는 것입니까?"

"지금 네 심령이 이와 같단다."

"예, 어떡하면 좋습니까?"

그때 주님은 임무를 다 마친 것처럼 나를 떠나려 했다. 마음이 다급해진 나는 생명을 걸고 주님을 좇아갔다. 내가 만일 주님을 놓쳐버리면 영원히 못 볼 것 같은 느낌이 왔다. 두렵고 떨림으로 행동하는 것은 지난번 지옥의 경험을 분명히 했기 때문이다.

즉 이런 심령의 상태로는 하나님께 분명히 갈 수 없기에 나는 주님의 저고리를 꽉 잡았다. 그분이 동으로 가면 동으로 그분이 서로가면 서쪽으로 따라갔다. 그러면서 주님께 이렇게 부탁했다.

"주님 나의 죄를 용서해 주세요!"

"네가 무엇을 잘못했느냐?"

"제가 주님 뜻대로 산다고 말은 했지만 이렇게 제 심령이 더러워졌는지 몰랐습니다. 나의 애타는 부르짖음을 들으시고 나의 죄를 사하여 주옵소서."

밤새도록 주님께 사죄했다.

야곱은 홀로 남았더니 어떤 사람이 날이 새도록 야곱과 씨름하다가 그 사람이 자기가 야곱을 이기지 못함을 보고 야곱의 환도 뼈를 치매 야곱의 환도 뼈가 그 사람과 씨름할 때에 위골되었더라 그 사람이 가로되 날이 새려하니 나로 가게하라 야곱이 가로되 당신이 내게 축복하지 아니하면 가게하지 아니하겠나이다. 그 사람이 그에게 이르되 네 이름이 무엇이냐 그가 가로되 야곱이니이다(창32:24-27).

새벽쯤 되었을 때였다. 그 분이 내 머리에 손을 얹어 주시는 것이었다.

"네 죄를 사하노라."

"주님 고맙습니다."

주님께서는 아까 보여주셨던 되박 안의 쌀을 다시 보여주셨다. 그런데 이번에는 티끌하나 없는 깨끗한 쌀로 변해있었던 것이다.

"주님 어떻게 더러운 쌀에서 이렇게 변했지요."

"내가 그렇게 했단다."

"고맙습니다. 주님, 주님만이 영원히 영광을 받으소서."

주님은 다시 한번 말씀하시는 것이었다.

"너희가 죄를 짓고 회개 기도할 때 눈물이 없다면 진정한 회개가 안 된다. 나는 너의 진정한 눈물을 보았노라."

"주님 저의 눈물의 기도를 받아 주시니 고맙습니다."

나는 이렇게 나도 모르게 혼탁해진 심령의 상태를 기도시간을 통하여 주님께서 알려주신다. 또 눈물 흘려 회개하며 한 걸음씩 천성문을 향하여 걷고 있다. 이 천성을 향하여 약 50년째 걸어왔다. 아직도 기도의 사명이 있기에 주님이 부르시는 그날까지 걸을 것이다.

주와 같이 길 가는 것 즐거운 일 아닌가 우리주님 걸어가신 발자취를 밟겠네 한 걸음 한 걸음 주 예수와 함께 날마다 날마다 우리는 걷겠네(456장).

• 공동묘지의 기도동지 나의 아들

　나의 아들 중 하나는 꼭 내가 데리고 다녔다. 교회나 공동묘지 그리고 어느 곳이나 함께 했다. 나도 그 당시는 하나님의 깊으신 뜻을 헤아릴 수 없었다. 지금 생각하니 하나님께서 주의 종으로 삼으시려는 계획이 있으셨던 것이다.

　내가 정신병 환자들 속에 있는 귀신을 주님의 이름으로 내쫓을 때에도 같이 있었고 공동묘지에서 생명 바치는 기도할 때에도 아들은 내 모습을 보고 자랐다. 그래서 아들은 "이 세상에서 나의 최고의 스승은 어떤 훌륭한 목사도 아닌 바로 나의 아버지이며, 어린 시절부터 아버지의 기도와 행동을 보고 자랐지만 지금까지 아버지만한 분을 만나본 적이 없습니다."라고 고백했던 것이다.

　내 자랑하는 것 같지만 아들에게 존경을 받는다는 것은 결코 쉽지 않은 일이다. 지금까지 내 행위들이 아들에게 잘 보이려는 삶을 살아온 것이 아니라 주님한테 잘 보이고 주님의 삶을 조금이라도 본받으려 했는데 이런 결과를 가져온 것이다. 내 삶은 얼마 남지 않았지만 목회자 아들에게 인정받았으니 그 기쁨은 말로 다 형용할 수 없으며 또 주님께 칭찬 받는 종이라 인정받으리라 생각하니 내 심령이 참으로 기쁘다.

관제와 같이 벌써 내가 부음이 되고 나의 떠날 기약이 가까워왔도다. 내가 선한 싸움을 싸우고 나의 달려갈 길을 마치고 믿음을 지켰으니 이제 후로는 나를 위하여 의의 면류관이 예비 되었으므로 주 곧 의로우신 재판장이 그날에 내게 주실 것이니 내게만 아니라 주의 나타나심을 사모하는 모든 자에게니라(딤후4:6-8).

• 벌거 벗고 운동장에 서 있는 나

어느 날 환상 중에 나는 큰 운동장에 서있게 되었다. 거기에는 수많은 성도들이 흰 세마포를 다 입고 있었다. 그들은 기뻐 뛰며 주님을 찬양했고 그 분위기는 잔치 집과 같았다. 그런데 내 모습을 보니 홀딱 벗고 서있는 것이 아닌가? 나는 수치스럽고 창피하고 부끄러워 그냥 주저앉고 말았다. 숨을 곳을 찾고 있었지만 마땅치가 않았다. 그때 주님의 음성이 들려왔다.

그들이 날이 서늘할 때에 동산에 거니시는 여호와 하나님의 음성을 듣고 아담과 그 아내가 여호와 하나님의 낯을 피하여 동산 나무사이에 숨은지라 여호와 하나님이 아담을 부르시며 그에게 이르시되 네가 어디 있느냐 가로되 내가 동산에서 하나님의 소리를 듣고 내가 벗었으므로 두려워하여 숨었나이다(창3:8-10).

"하나님의 나라는 옷 입지 않고는 들어올 수 없는 나라이다."
"그런데 주님, 저는 지금 옷이 없어요, 어떡하면 좋아요."하며 뜨거운 눈물을 심령 깊은 곳에서부터 뿜어내었다.
이 회개의 눈물을 주님께서 받으셨고 이런 말씀을 하셨다.

"너에게 흰 옷을 입혀주노라."

주님께서 친히 나에게 입혀주셨다.

내 모습을 바라보니 조금 전까지만 해도 운동장에서 옷을 나 혼자 벗고 있어 정말 창피했는데 주님께서 이렇게 입혀주신 것이다. 얼마나 기쁜지 하늘을 날자면 날 수 있을 것 같았다. 이 옷은 나 혼자만 입는 것이 아니요, 창세 이후 예수이름으로 구원받은 각 나라의 성도들이 입을 것을 생각하니 정말 주님의 은혜가 고맙고 감사했다.

그에게 허락하사 빛나고 깨끗한 세마포를 입게 하셨은 즉 이 세마포는 성도들의 옳은 행실이로다 하더라(계19:8).

요한 계시록 16장 15절에 주님께서 이런 말씀을 하셨다.

"보라! 내가 도적같이 오리니 누구든지 깨어 자기 옷을 지켜 벌거벗고 다니지 아니하며 자기의 부끄러움을 보이지 아니하는 자가 복이 있도다."

나는 이제 이 흰 옷을 입고 하늘나라의 잔치 자리에 참석할 것이며, 이 옷이 더러워질 때마다 세탁할 것이다.

그 두루마기를 빠는 자들은 복이 있으니 이는 저희가 생명나무에 나아가며 문들을 통하여 성에 들어갈 권세를 얻으려 함이로다(계22:14).

• 생명 걸은 금식기도로
무당장모를 전도함

나의 집에서 장모님이 머물고 있을 때였다.

"어머님 예수 믿고 구원받으세요."

"자네나 잘 믿어."

"아닙니다. 장모님도 구원 받으셔야 합니다."

"나는 내가 믿는 신이 있어."

"그 신은 참신이 아닙니다."

"여보게 종교는 자유가 아닌가? 나는 나대로 자네는 자네대로 믿으면 돼."

"그게 그렇지가 않습니다."

"뭐가 그렇지 않아? 신을 바꾸면 내게 큰 환난이 오고 귀신이 해코지 한단 말이야. 말처럼 그게 쉬운 일이 아니야."

"장모님 생사가 달린 문제입니다."

"무슨 생사가 달렸다는 말인가?"

"이 세상만 있는 것이 아니라 죽음 후에 세상도 존재하는데 예수 안믿으면 영원한 지옥불에 고통을 당합니다."

"무슨 사후의 심판이 있어?"

"정말 있습니다."

"이 세상이면 끝이지."

내가 아무리 설득해도 콧방귀도 안 뀌는 것이다. 이제 어떡해야 할 것인가? 내가 가본 지옥은 1분 1초라도 견딜 수 없는 곳인데 장모가 비록 나의 친어머니는 아닐지라도 나의 아내의 어머니가 아닌가? 지옥 가는 것을 뻔히 보면서도 전도하지 않는다면 훗날 그 책임은 누구에게 있겠는가? 지금 나의 집에 머무는 것은 하나님께서 나에게 전도하라는 마지막 기회로 주신 것인데 어떡해야만 될까? 날이면 날마다 기도할 때 내마음속에 물도 밥도 손대지 아니하는 단식이 떠올랐다. 이것이 바로 '하나님의 응답' 이라 생각한 나는 농사 짓는 중노동 중에도 계속 단식하며 기도하리라 마음먹었다.

"어머님!"

"왜 그러나?"

"어머니가 예수 믿는다고 할 때까지 나는 물도 안 마시고 밥도 안 먹겠습니다."

"뭐라고, 자네 왜 그러나? 종교는 자유라고 내 여러 번 말하지 않았나? 괜한 고집부리지 말고 밥먹고 농사지어야지 그게 무슨 말인가?"

"어머니의 뜻을 알았으니까 나는 나대로 합니다."

그래서 나는 물과 밥을 입에 안 대고 농사일을 했다. '일하는 곳이 평지가 아니고 산을 오르락 내리락 하는 곳이고 하루에 밥을 몇 번씩 먹어도 허기질 텐데....' 낮에 태양은 내리쬐고 몸에는 땀방울이 비오듯 쏟아지고, 하지만 물도 먹지 아니하니 이것은 보통 고역이 아니었다.

　첫날에는 대수롭지 않게 나를 바라보던 장모님도 하루가 지나고 이틀, 삼일이 지나면서 좀 걱정이 되는 것 같은 눈치였다. 나는 이때를 놓치면 장모님의 영혼 구원은 다시 오지 아니하리라 믿고 더욱 단식하며 매달렸다. 이제 나에게 인간의 한계가 오고 말았다. 6일이 되었는데 쓰러지고 말았다.
　장모님은 자기 때문에 이런 결과가 온 것이라 생각하고는 안절부절 못하는 것이었다. 내가 무엇을 요구하면 그 어떤 것도 다 들어줄 분위기가 형성이 되었다. 장모님은 나의 손을 잡더니 이렇게 말하는 것이었다.
　"여보게."
　"예"
　"어떡해야 되겠는가?"
　"다른 것은 없습니다."
　"예수 믿으라는 것 빼고는 다 들어주겠네."
　"예수 영접하지 아니하시면 저는 이대로 죽을 것입니다."
　"할 수 없지 뭐. 이러다가는 하나밖에 없는 사위가 죽을 텐데……, 지금까지 내가 섬겨오던 모든 신을 버리고 나도 이제부터 자네 따라 예수신을 섬기겠네."

"정말이십니까, 장모님?"

순간 가슴속에 뜨거운 눈물이 흐르는 게 느껴졌다. 그런데 이 눈물은 꼭 나의 눈물로만 느껴지는 것은 아니었다. 갈 길을 잃어버리고 이산 저산 헤매던 어린양이 가시에 찔려 피투성이가 되어 방황하다가 목자를 만나 그 품에 다시 안기게 되었을 때 흘리던 기쁨의 눈물, 바로 그 주님의 눈물이었다.

이렇게 해서 무당 장모님을 하나님께 인도했다. 얼마나 기뻤는지 이 기쁨은 하늘나라의 기쁨과 똑같았다. 이것은 나의 승리이기도 했지만 주님의 승리이기도 했다. 왜냐면 주님께서 작전 계획표를 내게 전달해 주셨고 나는 그대로 따랐기 때문이다.

가로되 주예수를 믿으라. 그리하면 너와 네 집이 구원을 얻으리라 하고(행16:31).

나의 기뻐하는 금식은 흉악의 결박을 풀어주며 멍에의 줄을 끌러주며 압제당하는 자를 자유케 하며 모든 멍에를 꺾는 것이 아니겠느냐(사 58:6).

사실 나는 단식기도 6일 만에 장모님이 하나님께로 돌아올 줄은 꿈에도 생각 못했다. 왜냐면 일반사람이 아니고 무당으로 잔뼈가 굵은 사람인데 내가 그렇게 한다고 돌아올 사람이 아니었다. 다만 한 가지 바라는 것이 있었다면 어차피 무당을 하면 영원한 지옥에 가는데 저 영혼을 위하여 이 한 목숨 바쳐야겠다는 것이었다. 그래서 단식하다가 죽으려고 했던 것이다.

당신은 가서 수산에 있는 유다인을 다 모으고 나를 위하여 금식하되 밤낮 3일을 먹지도 말고 마시지도 마소서 나도 나의 시녀로 더불어 이렇게 금식한 후에 규례를 어기고 왕에게 나아가리니 죽으면 죽으리이다(에 4:16).

하나님께서 이 부족한 종의 단식기도의 눈물을 보시고 우리 장모님을 구원해 주신 것에 대하여 하나님께 영광을 돌린다. 이제는 하늘 나라에 계시지만 훗날 다시 만나게 될 때 얼마나 기쁘리오. 그리고 오늘날 교회에서 '전도'에 대하여 여러 가지 방법들이 개발되고 있는 것을 알고 있다. 아무리 좋은 방법이 개발된다고 하더라도 제일 중요한 것은 남을 전도할 때 '생명 바친 기도 없이는 남의 생명을 살릴 수 없다.'는 것이다.

내말과 내 전도함이 지혜의 권하는 말로 하지 아니하고 다만 성령의 나타남과 능력으로 하여(고전 2:4).

마귀나라에서 생명나라로 마귀권세에서 하늘나라의 사람으로 만들 수 있는 것은 거듭 당부하지만 생명 걸은 기도를 해야만 하나님께서 응답하신다는 사실이다.

• 예수사랑으로 30년 된
누님무당을 전도함

    우리 누님이 오랫동안 무당 생활을 하다가 중풍에 걸렸다. 여기에서 참고할 것은 무당섬기는 대부분의 사람들이 젊었을 때는 무엇이 나 잘되고 돈도 벌고 하는 것 같지만 끝맺음 할 때에는 결국은 어려운 삶과 고통을 당하다가 운명하는 것을 너무 많이 보았다. 물론 우리 크리스찬들도 늙으면 병들고 고통을 당할 수도 있지만 우리에게는 저 하늘나라가 있어 웃으면서 죽을 수가 있는 것이다. 즉 예수 안 믿는 사람들이 당하는 고통과 믿는 사람들의 고통이 같지 않다는 사실이다.

    혹시 어떻게 해서 또 어떤 기회에 이 책을 읽는 사람중에는 무속에 종사하시는 분이 분명히 있으리라보는데, 그 분들은 지금 하나님께서 부르고 계시는 것이니까 잠시도 지체하지 마시고 하나님을 찾으시기 바란다.

    우리 누님은 내가 살모사에 물려 죽어갈 때 이렇게 말했던 사람이다.

"이 새끼 죽으면 장례도 치르지 마세요."

그리고 얼굴에 침을 '퉤퉤' 뱉고 간 사람이었다. 그런데 금방 죽어 버릴 것 같은 나는 오랜 세월 살고 있고 자신은 중풍에 걸려 죽게 된 것이다. 조카가 우리집에 방문하는 것 같더니만, 누님을 버리고 멀리 도망가고 말았다. 그렇다. 젊은 날 '귀신'에게 이용당하고 인생의 마지막에는 가족에게도 버림받은 것이다.

약 1년간 우리집에 머물며 손수 대소변을 다 받아내었다. 온 집 안에 더러운 냄새로 가득 찼지만 예수 사랑의 향기는 계속 되었다. 이런 일이 6개월 계속 되었지만 전도의 반응은 없었다. 그래도 용기를 잃지 않고 전도를 하는데 8개월쯤 되었을 때 반응이 온 것이다.

"동생."

"네, 누님."

"정말 고마워."

"무엇이 고맙다는 말씀입니까?"

"옛날에 네가 독사에 물렸을 때 저주하고 침까지 뱉고 나갔던 내가 아닌가?"

"지나간 일인데요."

"아니야. 정말 고마워. 내가 중풍에 걸렸다고 내 아들도 나를 버리고 도망갔는데 동생이 나를 거두어 주어서 말이야."

"누님, 누님과 저는 남매가 아닙니까?"

"그래도 너무 고마워. 어떻게 이런 사랑을 나에게 베풀 수 있었는가?"

"누님 저는 못하지요. 누님 몸에서 난 아들도 버리고 갔잖아요. 그런데 동생이라고 할 수 있겠어요?"

"그렇지."

"제가 이렇게 하는 것은 예수님의 사랑이 있기 때문입니다."

"예수 사랑이라고?"

"그렇습니다. 예수 사랑이 아니면 결코 누님을 돌볼 수 없었을 것입니다."

"그럼 예수사랑 때문에 나를 돌보았다는 말이냐?"

"그럼요. 예수사랑 때문이죠. 누님 사시면 얼마나 사시겠습니까? 이제 삶이 얼마 남지 않으셨는데 예수를 영접하고 하늘나라에 가셔야 하지 않겠습니까? 유황불속에 계신 아버님을 만나 뵌 적이 있는데 그 곳에 가면 안 되겠더라고요, 그래서 제 핏줄인 누님만은 꼭 구원하고 싶습니다."

"정말 사후의 세계가 있을까?"

"누님, 저를 보시면 알잖아요."

"그래 너를 보면 하나님이 살아계신 것도 같아."

"동생 말을 믿지 않고 누구 말을 믿는다는 말입니까? 이제 예수님을 영접하세요."

"그래. 이제 네가 믿는 예수신을 받아드리겠어. 그런데 내가 섬기던 신이 노하지 않을까?"

"누님 걱정하지 마세요. 하나님의 신은 신중에 신이시고 하나님밖에는 없습니다. 지옥나라 권세도 하나님의 손에 달려있는 것입니다."

"동생 고마워."

"제가 오히려 고맙습니다."

"왜?"

"그런 게 있어요. 한 영혼을 전도하면 하늘나라에 가서 금면류관을 받거든요."

"그럼 나는……"

"누님은 영혼을 구원 받은 것만으로도 하나님께 감사해야지요."

"그렇구만, 동생."

나는 그 누님을 끌어안고 통곡을 하며 하나님께 영광을 돌렸다.

1년 동안 우리 가족들은 누님의 수발이 되어서 대소변을 받아내고 목욕까지 시켜드렸다. 이제는 임종할 시간이 되었고, 우리는 찬송가를 부르기 시작했다.

천국에서 만나보자 그날 아침 거기서 순례자여 예비하라 늦어지지 않도록 만나보자 만나보자 저기 뵈는 천국문에서 만나보자 만나보자 그날 아침 그문에서 만나자 (293장).

누님은 마지막으로 손을 내밀며 말했다.

"고맙다. 상호야."

"평안히 눈을 감으세요."

"저 하늘나라에서 꼭 만나자."

"예"

누님은 아주 평안히 잠을 자듯이 이 땅을 떠나 주님나라에 들어가게 되었다. 이래서 나는 장모님에 이어 또 한 사람의 무당을 전도하여 하늘나라로 보내드린 것이다. '아 얼마나 기쁜가? 한 사람의 영혼을 구원시킨다는 것은,' 이 기쁨을 진정 아는 사람이라면 결단코 지금 가만히 있지 않고 때를 얻든지 못 얻든지 전도할 텐데……, 하기야 자기 영혼 구원의 확신도 없는데 어떻게 남의 영혼을 구원할 수 있으랴. 정말 이런 상황에 있는 성도라면 자신의 영혼구원 문제에 대하여 철저한 검증을 해야 한다.

만일 너희 속에 하나님의 영이 거하시면 너희가 육신에 있지 아니하고 영에 있나니 누구든지 그리스도의 영이 없으면 그리스도의 사람이 아니라(롬 8:9).

• 내가 3년간 모신 사랑방 할머니

　요즘 신문지상과 방송에서 심심치 않게 보도되는 사건 중에 하나
가 부모를 갖다 버리는 것이다. 나이 들고 힘없고 병들고 돈 없고
하니까, 그런 현상이 벌어진다. 사람들 중에는 애완견을 키우다가
병이 들면 멀리 가서 버리고 오는 경우가 있다. 집을 못 찾아오게
말이다. 즉 사람이 개꼴이 되고 만 것이다. 그래도 애완견은 병들
었어도 사람 중에는 동물을 사랑하는 마음으로 병을 고쳐 데리고
사는 경우는 있지만 사람이 버려지면 다들 거들떠보지 않게 된다.

　정말로 슬픈 현실이다. 나는 오갈 데 없는 외로운 할머니를 3년
간 우리 사랑방에서 모신 적이 있다. 결혼도 5번씩이나 했던 할머
니. 그러나 자식이 없는 불쌍한 할머니였다. 그녀는 마지막 삶을
우리와 함께 했다. 참으로 좋은 일을 했다고 본다.

　오직 선행으로 하기를 원하라 이것이 하나님을 공경한다 하는 자들에게 마땅한 것
이니라(딤전 2:10).

　가난한 자를 불쌍히 여기는 것은 여호와께 꾸이는 것이니 그 선행을 갚아 주시리
라(잠 19:17).

•소백산 스님을 전도하여 구원시킴

많은 사람들이 전도를 쉽게 생각하는 경우가 있는데 전도가 그렇게 마음대로 되는 것이 아니고 자신을 희생해 예수사랑을 보여주어야만 그 결과로 예수를 믿게 되는 것이다. 내가 스님을 전도시킨 한 사례를 말하고자 한다.

소백산에서 중노릇하던 사람이 구병리까지 찾아들었다. 그러나 그에게는 집이 없기에 교회 옆의 집을 사용하도록 했다. 그는 평생을 부처를 섬기는 사람이었다. 그러나 주일날은 교회에 예배를 드렸다. 스님이 개종한 것이 아니라 나를 봐서 예의상 나오는 것이었다.

나는 명절 때인 추석이나 설날에 우리집에 모셔 음식을 잘 대접했다. 또 옷이 없는 그에게 옷도 나눠주며 예수사랑을 실천했다. 내 마음속에 그를 전도하고 싶은데 좋은 생각이 떠오르지 않는 것이다.

"스님 예수 영접하시지요."

"제가 매주일 교회 나가지 않습니까?"

"그런거 말고 진정 예수를 영접했으면 좋겠습니다."

"종교는 다 같은 것입니다."

"다 같다니요."

"서울이 종착역이라면 여기서 보은에 가서 버스를 타고 서울 갈 수도 있고, 구병리에서 걸어서 서울까지 갈 수도 있고, 구병리에서 속리산까지 간 다음에 다른 교통편으로 서울까지 갈 수 있습니다."

"그 말이 무슨 말입니까?"

"목적지는 다 같은데 길은 다르다는 것이지요."

"그러면 '길'이 각자의 종교라는 말씀인가요?"

"그렇지요. '길'이 각자의 종교입니다. 기독교를 믿던 불교를 믿던 결국은 천국에서 만나게 된다는 것이지요."

"아닙니다, 스님."

"뭐가 아닙니까?"

"스님은 지금 잘못 알고 계신 것입니다."

"아닙니다. 분명 나는 그렇게 알고 확신하고 있습니다. 제가 매주일 교회 나가는 것도 종교 다원화의 일환으로 교회에 나가는 것입니다. 교회 안에는 부처님이 계시거든요."

"스님, 스님의 말씀은 이해는 하겠는데 그 '길'이 그 '길'이 아닙니다. 영 다른 '길'을 말씀하고 계십니다. 스님, 예수님을 통하지 않고는 구원을 받을 수 없습니다."

"예수쟁이들은 독선이 아주 심합니다."

"뭐가 독선입니까?"

"예수 아니면 안 된다는 그 말을 말하는 겁니다."

"독선이라고 생각하셔도 할 말은 없습니다. 그러나 예수를 믿어야만 구원을 받을 수 있습니다."

"그런 말씀이 어디에 있습니까?"

"예. 기독교 성경, 요한복음 14장 6절에 이렇게 말씀하고 있습니다. '내가 곧 길이요 진리요 생명이니 나로 말미암지 않고는 아버지께로 올 자가 없느니라'라고 했습니다."

"그러면 조금 전에 '내가'라는 분이 예수라는 분이십니까?"

"그렇지요. 그 분이 바로 예수님이시지요."

"재고해 보겠습니다."

"스님, 시간이 없습니다."

"시간이 없다니요. 나는 이렇게 시간이 많지 않습니까?"

"아닙니다, 스님. 공자님은 아침에 도를 깨달으면 저녁에 죽어도 좋다고 했습니다."

"그렇게 말씀 했지요. 그런데 시간과 공자님 도하고는 무슨 상관 관계가 있습니까?"

"예. 참 진리를 깨달았다면 시간을 지체하지 않고 받아드리고 개종해야 한다는 말입니다. 제가 그냥 하는 말이 아닙니다. 그리고 스님이 현재 나이도 있고 하신데 언제 하나님의 부르심이 있을지 모릅니다."

"제가 곧 죽을 것 같습니까?"

"그것은 누구도 장담할 수 없습니다."

"그러면 어떡하면 됩니까?"

"지금 예수 그리스도를 나의 생명의 구주로 영접하셔야 합니다."

"그럼 그 다음은 어떻게 되는 것입니까?"

"나의 구주로 예수님을 영접하시면 그 분은 스님 마음속에 오셔서 영원히 거하시게 됩니다."

내가 저희에게 영생을 주노니 영원히 멸망치 아니할 터이요 또 저희를 내 손에서 빼앗을 자가 없느니라(요 10:28).

"그것이 정말입니까?"

그때 스님의 마음에 변화가 찾아오기 시작했다.

"그럼요. 그런데 스님. 지금 마음이 뭉클해지면서 변화가 오고 있는 느낌이 안 드십니까?"

"예. 무엇인지 모르지만 내 마음의 변화를 느끼고 있습니다. 왜 그렇지요?"

"지금 주님께서 스님 마음속으로 들어가는 모습을 보았습니다."

"어떻게요?"

"그 분은 머리에는 가시관을 쓰셨고 양발과 양손에 피 흘리신 그 모습으로 당신의 마음속으로 들어가시는 것을 보았습니다."

"그럴 수 있는 것입니까?"

"그럼요. 그 분은 살아계신 하나님이시니까요."

그리하여 그 스님은 예수를 영접하여 크리스찬이 되었다. 그를 구원하는데 5년이 걸렸고 약 10년간을 그곳에 머물다 주님 품에 안기게 되었다. 비록 종교는 다르다 할지라도 한 영혼이라도 구원하려는 의지가 분명 있어야 한다.

오늘날 많은 성도들이 타종교 사람이라면 미리 겁을 먹고 전도 대상에서 제외 해버리는데 그것은 대단히 잘못된 것이다. 이는 전도를 자기 스스로가 하는 것이라 생각하고 있기 때문이다. 전도는 하나님의 개입 없이는 불가능한 일이다.

즉, 성령이 역사하시지 않는 전도는 하나도 없다.

내말과 내 전도함이 지혜의 권하는 말로 하지 아니하고 다만 성령의 나타남과 능력으로 하여(고전 2:4).

또한 우리를 위하여 기도하되 하나님이 전도할 문을 우리에게 열어주사 그리스도의 비밀을 말하게 하시기를 구하라 내가 이것을 인하여 매임을 당하였노라(골 4:3).

한국의 문화권은 무속이 기본 바탕이고 유교와 불교 그리고 그외에도 헤아릴 수 없는 타종교들이 있다. 먼저 복음을 받아드린 우리들은 이들의 영혼 구원을 위하여 나태하면 안 된다. 타종교인들은 종교적 심성이 많은 분들이다. 몰라서 그런 것이지, 일단 하나님을 믿게 되면 보통 신도들보다 더욱 지극한 정성으로 하나님을 섬기곤 한다.

신약의 바울선생이 아덴에 방문했을 때를 생각해 보라. 사도행전 17장 23에서 "내가 두루 다니며 너희의 위하는 것을 보다가 알지 못하는 신에게라고 새긴 단도 보았으니 그런즉 너희가 알지 못하고 위하는 그것을 내가 너희에게 알게 하리라"고 했다.

이러한 바울선생의 마음으로 타종교인들의 영혼구원을 위하여 힘을 써야 한다.

• 보은 장날, 이렇게 전도함

보은에 5일장이 서면 시장에 나가게 되는데 버스는 1시간 거리의 삼가 1구라는 곳에서 출발한다. 그러면 그 곳까지 걸어가서 버스를 타고 보은 가는 동안에 전도를 한다.

"예수 믿고 구원받으세요."

그러면 대부분은 듣고, 개중에는 핍박을 일삼는 이들도 있다. 그래도 개의치 않고 계속 목청을 돋우어 전도를 한다. 왜냐면 이 시간은 내 생애에 있어서 다시 오지 않는 시간이기에 이 시간을 소홀히 할 수 없는 것이다.

"예수 믿고 천국가세요, 꼭 천국가셔야 합니다. 주일이 돌아오면 가까운 교회에 가서 등록하세요."

아는 사람은 알겠지만 내 목청이 아주 크다. 버스를 사람들이 탔으니 어디로 도망가지도 못하고 꼼짝없이 전도하는 소리를 들어야만 했다.

나는 때를 얻든지 못 얻든지 간에 전도하기를 원한다. 왜냐면 우리 주님이 제일 기뻐하시는 일이기 때문이다. 즉 내 본분이 전도다. 이 일을 위하여 내가 태어났고 이 일을 위하여 살다가 이 일로 내 생애를 마칠 것이다.

너는 말씀을 전파하라 때를 얻든지 못 얻든지 항상 힘쓰라 범사에 오래 참음과 가르침으로 경책하며 경계하며 권하라(딤후 4:2).

6장 못다 한 이야기들

• 나에 대한 평가

　이 부분은 참으로 조심스러운 대목이다. 내가 나를 어떻게 평가하겠으며 또한 내가 남에게 평가받을 만한 신학자도 훌륭한 목사도 아니고 다만 일개 산골마을 장로의 신분인데 나에 대한 평가는 훗날 주님 앞에 섰을 때 그 분이 자세히 평가하시리라 본다.

　이는 우리가 다 반드시 그리스도의 심판대 앞에 드러나 각각 선악간에 그 몸으로 행한 것을 따라 받으려 함이라(고후 5:10).

　그럼에도 불구하고 그리스도의 영광을 위하여 그리고 성도들로 하여금 교훈을 위하여 약간의 지면을 할애하려고 한다. 그렇다고 그리 거창한 것이 아니기에 오해하는 분은 없으리라 본다.

　언젠가 아들의 친구가 아랫마을 삼가 초등학교 근처의 가게에서 물건을 사면서 나이 많은 분에게 이렇게 물어보았다.
　"아저씨."
　"네."

"혹시 윗마을 구병리의 김상호씨 압니까?"

"네, 알고 있습니다."

"그런데 그분 어떻습니까?"

"뭐가 어떻다는 말씀입니까?"

"사람 됨됨이가 어떠하냐 이 말입니다."

"아, 예. 그분은 '살아있는 부처'입니다."

이렇게 답변한 사람이 누구인지 잘 알 수는 없으나 절에 나가는 사람이라 짐작하며 자기가 볼 때는 나에 대한 최고의 좋은 점수를 준 것 같다.

예수 믿은지 약 50년의 세월을 나는 나를 위하여 살지 않았고 나를 위하여 죽으신 예수님의 뜻대로 살려고 노력했고 조금이라도 샛길로 갈 때에는 가차 없는 주님의 채찍이 내게 임했다. 나는 지금까지 남의 눈치를 본 적이 없이 살았다.

나에 대해 이렇게 평가해 준 이는 아랫동네 한 사람에 불과하지만 그 소리를 들으니 정말 기쁘고 감사하고 한편으로는 부끄러운 마음도 든다. 한 가지 더 바랄 것이 있다면 훗날 주님 앞에 섰을 때 잘했다고 칭찬받는 종이 되었으면 하는 바람이다.

그 주인이 이르되 잘하였도다 착하고 충성된 종아 네가 작은 일에 충성하였으매 내가 많은 것으로 네게 맡기리니 네 주인의 즐거움에 참예할지어다 하고(마25:21).

이것은 나의 바람만이 아니고 모든 성도들의 바람임을 믿는다. 오늘날 예수를 믿는 사람은 많은 것 같은데 사회에 물의를 일으키는 기독교인이 많이 있음을 부인치 못할 것이다.

사람들에게 칭찬받는 기독교인들이 되어야지 불신자보다 못한 행동 때문에 남의 입에 오르내리면 안 된다고 본다. 나 한사람 때문에 복음의 빛이 가려질 수 있고 또 주님이 욕을 얻어먹을 수도 있다.

그러므로 우리는 기회 있는 대로 모든 이에게 착한 일을 하되 더욱 믿음의 가정들에게 할지니라 (갈6:10).

훗날 주님의 평가를 기다리는 모든 성도들은 그때를 기다리기 이전에 신자와 불신자에게 먼저 평가를 받아야 한다. 지금 성적이 안 좋은 분들은 주님 앞에서 평가를 받을 때는 상상외로 낮은 점수 때문에 얼굴을 들 수 없을 수도 있다.

지금, 지금, 평가를 받아야 한다.

• 성경의 욥과 나의 가정 비교

　욥은 십남매가 있었으나(욥1:2) 다 죽었고, 나도 예수를 믿고 1년 만에 6남매가 죽었다. 하나님께서 욥에게 다시 십남매를 주셨고(욥 42:13) 나는 다시 하나님께서 5남매를 주셨다.

　내 시련과 역경은 욥의 고통과 크게 다를 바 없다고 본다. 내가 예수 믿고 6남매가 죽었을 때 사람들은 다 나를 미쳤다고 했다. 왜 냐면 그렇게 자녀들이 죽었는데도 하나님을 섬기고 있으니 말이 다. 욥기 1장 21절에 욥은 이렇게 설명하고 있다. "가로되 내가 모 태에서 적신이 나왔은즉 또한 적신이 그리로 돌아가올지라 주신 자도 여호와시요 취하신 자도 여호와시오니 여호와의 이름이 찬송 을 받으실지니이다." 욥 자신도 모든 것이 사라졌지만 이렇게 하나 님을 찬송하고 있는 것이다. 내 자신 또한 이랬다.

　욥은 욥기 1장 22절에서 "이 모든 일에 욥이 범죄하지 아니하고 하나님을 향하여 어리석게 원망하지 아니하니라"고 했다. 욥에게 다가온 시련과 고통이라면 충분히 하나님을 원망할 수도 있다. 왜냐면 보통 성도들은 더욱 민감하게 하나님에 대하여 불평하는 경우가 많은 것이 사실이다.

또 욥의 아내의 말을 들어보자. "그 아내가 그에게 이르되 당신이 그래도 자기의 순전을 굳게 지키느뇨 하나님을 욕하고 죽으라."(욥 2:9) 그 때에 욥은 이렇게 말하고 있다.

"그가 이르되 그대의 말이 어리석은 여자 중 하나의 말 같도다. 우리가 하나님께 복을 받았은즉 재앙도 받지 아니하겠느냐하고 이 모든 일에 욥이 입술로 범죄치 아니하니라."(욥2:10)

욥에게 있어서 정말 중요한 교훈은 그렇게 힘든 상황이 찾아왔지만 하나님을 원망하여 입으로 범죄치 않은 사실이다. 그 입이 중요하다. 그 입으로 죽기도 하고 살기도 한다. 살고 죽는 권세가 입술에 달려있다. 이스라엘 백성들이 홍해 바다를 건너 광야에 있을 때를 살펴보자.

"거기서 백성들이 물이 갈하매 그들이 모세를 대하여 원망하여 가로되 당신이 어찌하여 우리를 애굽에서 인도하여 내어서 우리와 우리 자녀와 우리 생축으로 목말라 죽게 하느냐"(출17:3)

또 민수기 14장 1절에서 4절까지의 이스라엘 백성들의 원망소리를 들어보자. "온 회중이 소리를 높여 부르짖으며 밤새도록 백성이

곡하였더라 이스라엘 자손이 다 모세와 아론을 원망하여 온 회중이 그들에게 이르되 우리가 애굽땅에서 죽었거나 이 광야에서 죽었다면 좋았을 것을 어찌하여 여호와가 우리를 그 땅으로 인도하여 칼에 망하게 하려 하는고 우리 처자가 사로잡히리니 애굽으로 돌아가는 것이 낫지 아니하랴"

이때 여호와의 응답을 들어보자. "너희가 사로잡히겠다고 말하던 너희의 유아들은 내가 인도하여 들이리니 그들은 너희가 싫어하던 땅을 보려니와 너희 시체는 이 광야에 엎드러질 것이요." (민 14:31~32)

즉 입술로 이스라엘 백성들이 모세와 하나님을 원망하다가 가나안 땅에 들어가지 못하는 결과를 가져왔다. 우리 신앙인의 제일 중요한 것은 입술이다. 이것으로 멸망도 자초하고 영생도 얻을 수 있다.

욥은 입으로 범죄치 않음으로 모든 시험과 환란을 이길 수 있었다. 부족하나마 나도 욥과 같이 어려운 상황이 왔을 때 입으로 범죄치 않고 끝끝내 승리했다. 그리고 나를 아는 사람이라면 다 알겠지만 나는 거의 말이 없다.

누군가가 내게 무엇을 물어보면 짧게 대답을 하고 거의 설명이 없다. 이것 또한 예수 믿고 나에게 베푸신 하나님의 은혜이다.

그리고 욥은 일백사십년을 살았는데(욥 42:16) 나는 현재 팔십이다. 내 수명이 언제 다할는지 모르겠지만 나 또한 장수의 축복을 받았다고 볼 수 있다.

• 깡통을 차고 빌어먹어도
지옥만은 가지마라

　이것이 바로 이 책의 제목이다. 이것은 내가 영적 체험을 하고 돌아온 후 우리집 가훈이 되었다. 이승과 저승은 먼 것 같지만 결코 먼 거리가 아니다. 오늘밤 사람들이 잠을 자지만 내일 아침에 다시 일어난다는 보장이 없다. 즉 일어나지 못하는 사람들은 저 세상으로 이미 발걸음을 옮긴 것이다. 지금 우리 인류가 약 68억명 정도 되는데 그보다 더 많은 사람들이 저 세상에 있다.

　나도 예전에 예수를 믿기 전에는 사후세계를 믿지 않았고 사람이 죽으면 그것으로 끝나는 줄 알았다. 그런데 예수를 믿고 보니 그게 아니었다. 저 세상은 분명히 있는 것이다.

　악인이 음부로 돌아감이요 하나님을 잊어버린 모든 열방이 그리 하리로다(시9:17).

　사망의 줄이 나를 두르고 음부의 고통이 내게 미치므로 내가 환난과 슬픔을 만났을 때에(시116:3).

　저가 음부에서 고통중에 눈을 들어 멀리 아브라함과 그의 품에 있는 나사로를 보고(눅16:23).

마땅히 두려워할 자를 내가 너희에게 보이리니 곧 죽인 후에 또한 지옥에 던져 넣는 권세 있는 그를 두려워하라 내가 참으로 너희에게 이르노니 그를 두려워하라(눅 12:5).

"예수를 믿고 천국가세요." 라고 전도하면 그 말을 우습게 여기고 비웃는 사람들을 만나게 되고 또 어떤 이들은 "또 시끄럽게 하네. 조용하세요. 전세 냈어요?"라며 갖은 핍박을 일삼는다. 나는 듣든 안 듣든 주님의 지상 명령이기 때문에 안타까운 심정으로 이웃에게 전도를 한다.

그리고 나는 요즘 기독교 세계 속에서 이상한 것을 발견하고 있다. 즉, 이 땅을 천국이라고 생각하는 사람이 많다는 것이다. 큰돈을 번 기독교사업가들 그리고 돈 많은 목사님들이 세상 사람보다 더 많은 욕심을 부리고 더 많이 가지려 하고 이 땅이 천국인 것처럼 마냥 누리고 산다는 사실이다.

정말 내세가 있다고 믿는 기독교인들이라면 이렇게 살 수가 없다. 왜냐면 전도를 위하여 드려야하고 불쌍한 사람을 위하여 구제해야 하기 때문에 소유가 있을 수 없다고 본다.

예수님 당시 부자 청년이 주님을 따라 그의 전 생애를 바치려고 찾아왔다. 그때 예수님은 이렇게 말씀하셨다. "예수께서 가라사대 네가 온전하고자 할진대 가서 네 소유를 팔아 가난한 자들을 주라 그리하면 하늘에서 보화가 네게 있으리라 그리고 와서 나를 좇으라 하시니" (마19:21)

즉 이 청년은 부자였고 그것을 가난한 자에게 나눠주지 못했기에 예수의 제자가 되지 못했다. 이 말을 오늘날 우리에게 적용해보면 진정 예수제자라면 돈과 부귀와 영화가 기독교인들에게 있을 수 없다는 말이다. 왜냐면 다 나누어 주었기에 없는 것이다.

주님은 청년에게 "네 소유를 팔아 가난한 자들을 주라. 그리하면 하늘에서 보화가 네게 있으리라."고 분명 말씀하셨다. 즉, 자신의 소유를 팔아 어려운 사람들에게 나눠주면 어떻게 부자가 될 수가 있겠는가? 부자가 있다는 것은 하늘에 보화를 쌓기보다는 이 땅위에 보화를 쌓은 것이다.

많은 기독교인이 노후대책으로 각종 보험을 들고 있다. 보험을 들지 말라는 것이 아니라, 하나님보다 보험을 더 신뢰하고 있기 때문에 주님이 계실 자리가 없다는 것이다. 보험을 의지하는 기독교인들에게는 보험회사가 그의 노후를 책임질 것이요, 하나님께 노후를 맡기는 자에게는 하나님께서 그의 노후뿐만 아니라 전 생애를 책임지실 것이다.

나는 젊은 날부터 지금까지 평생 동안 농사만 지어 하나님께 다 드렸기에 가진 것이 없다. 내 돈으로 양복을 사 입어 본 적이 없고, 내 이름으로 된 통장 하나 없다. 말하자면 정말 거지이다. 그러나 나는 거지라도 좋고 깡통을 차고 빌어먹어도 좋다. 다만 지옥만은 갈 수 없다. 나뿐만 아니라 우리 가족 모두가 거지가 된다 할지라 도 천국은 꼭 가야만 한다.

나사로라 이름한 한 거지가 헌데를 앓으며 그 부자의 대문에 누워 부자의 상에서 떨어지는 것으로 배불리려 하매 심지어 개들이 와서 그 헌데를 핥더라 이에 그 거 지가 죽어 천사들에게 받들려 아브라함의 품에 들어가고 부자도 죽어 장사되매(눅 16:20~22).

내가 이 책을 통해 바라는 것 중 하나가 바로 나처럼 모든 재산을 드리고 깡통을 차고 예수님의 뒤를 따르는 제자들이 많이 나오는 것이다. 아마 주님도 여러분을 기다리고 계실 것이다. 지체하면 안 된다.

자기의 생명을 사랑하는 자는 잃어버릴 것이요 이 세상에서 자기의 생명을 미워하 는 자는 영생하도록 보존하리라(요12:25).

······· **마치는 글** ···

오래전 나의 아버지는 산제당을 만들어서 동네 사람들과 '산신'을 섬기고 나 또한 그들과 함께 우상을 섬기던 사람이었는데 하나님께서 아브라함을 불러주신 것처럼 나를 불러 주셔서 이 동네에서 처음으로 예수를 믿게 하시고 또한 숱한 고난을 당했지만 믿음으로 승리하게 하시고 교회를 짓기 위하여 공동묘지에서 수년간기도하게 하시고 천국과 지옥도 보여주시고 젊은 날 신유의 은사도 주셔서 많은 환자와 정신병 환자들을 고치게 하셨으며 하나님의 교회를 세 번이나 증축하게 하셨다.

이제는 내 나이 팔십 평생 동안 한 교회(구병장로교회)를 섬기게하신 하나님께 감사드린다. 이 교회를 통하여 많은 신앙인들을 배출하였고 또 훌륭한 주님의 종들을 배출하여 세계 만방에 그리스도의 복음을 지금 전파하고 있다.

처음에 내가 예수 믿을 때는 이 동네 대부분의 사람들이 '산신'을섬겼는데 이제는 팔십 프로가 복음화가 되었다. 지금은 도시 교회부럽지 않을 정도로 아름다운 교회로 변모했다.

이제 동네 사람들이 산신 대신 살아계신 하나님을 믿고 있고 멀리서도 구병교회를 찾아와서 하나님께 영광을 돌리는 모습을 볼 때

이 어찌 감사치 않으리요.

눈물로 씨를 뿌리는 자는 기쁨으로 단을 거둔다고 하셨는데 내 죽기 전에 가을 농부의 추수의 기쁨을 맛보니 한없는 그리스도의 희열을 느낀다.

이제 나의 남은 인생의 날들을 알 수는 없으나 주님 부르시는 그날까지 진정한 그리스도인이 되어서 즉 썩은 한 알의 밀알이 되기를 원한다.

할렐루야
모든 영광 하나님께

깡통을 차고 빌어먹어도

지옥만은 가지 마라!

초판 1쇄 발행 2010년 2월 23일
    27쇄 발행 2023년 12월 20일

지은이 김상호 **펴낸이** 임정일
총편집인 김용섭 **편집인** 김혜란 **디자인** 유진경, 이진희

발행처 책나무출판사
출판신고 2004년 4월 22일(제318-00034)

주소 서울시 영등포구 신길3동 325-70 3F
전화 02-338-1228 **팩스** 0505-866-8254
홈페이지 www.booktree.info

ⓒ 김상호
ISBN 978-89-6339-053-6-03200

* 이 책의 판권은 지은이와 책나무출판사에 있습니다.
* 잘못된 책은 바꿔드립니다.
* 수익금 중 일부는 선교사업을 위해 쓰입니다.

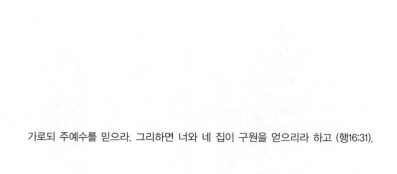

가로되 주예수를 믿으라. 그리하면 너와 네 집이 구원을 얻으리라 하고 (행16:31).